同济法学先哲文存

左仍彦集

左仍彦 著
钱一栋 编

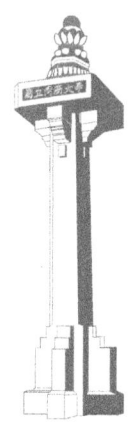

商务印书馆
The Commercial Press

编委会

顾　　问：吕培明　吴广明　雷星晖
策　　划：吴为民
主　　编：蒋惠岭
执行主编：徐　钢　陈　颐
编委会成员：(按姓氏笔画排序)
　　　　　刘志坚　严桂珍　吴为民　陈　颐　金泽刚
　　　　　夏　凌　徐　钢　高旭军　黄丽勤　曹伊清
　　　　　蒋晓伟　蒋惠岭

左仍彦教授
(1902—1985)

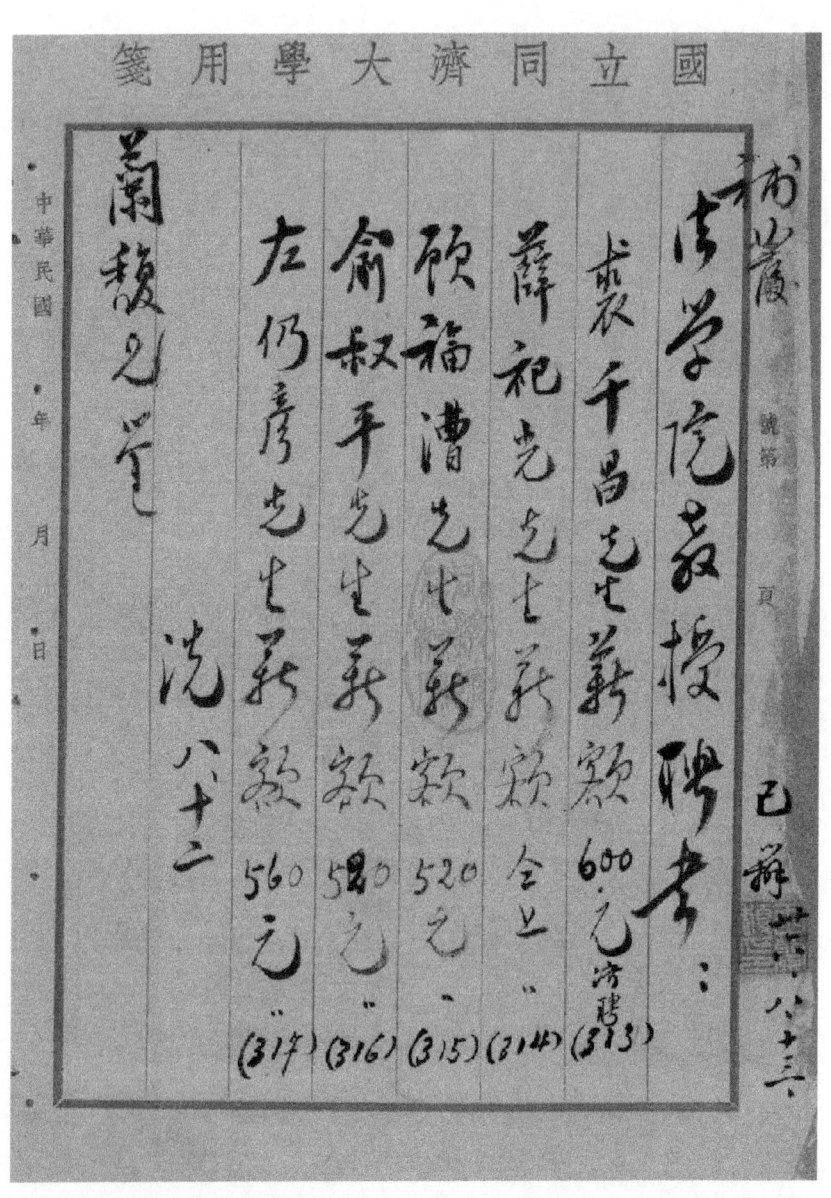

同济大学聘裘千昌、薛祀光、顾福漕、俞叔平、左仍彦为法学院教授的聘书

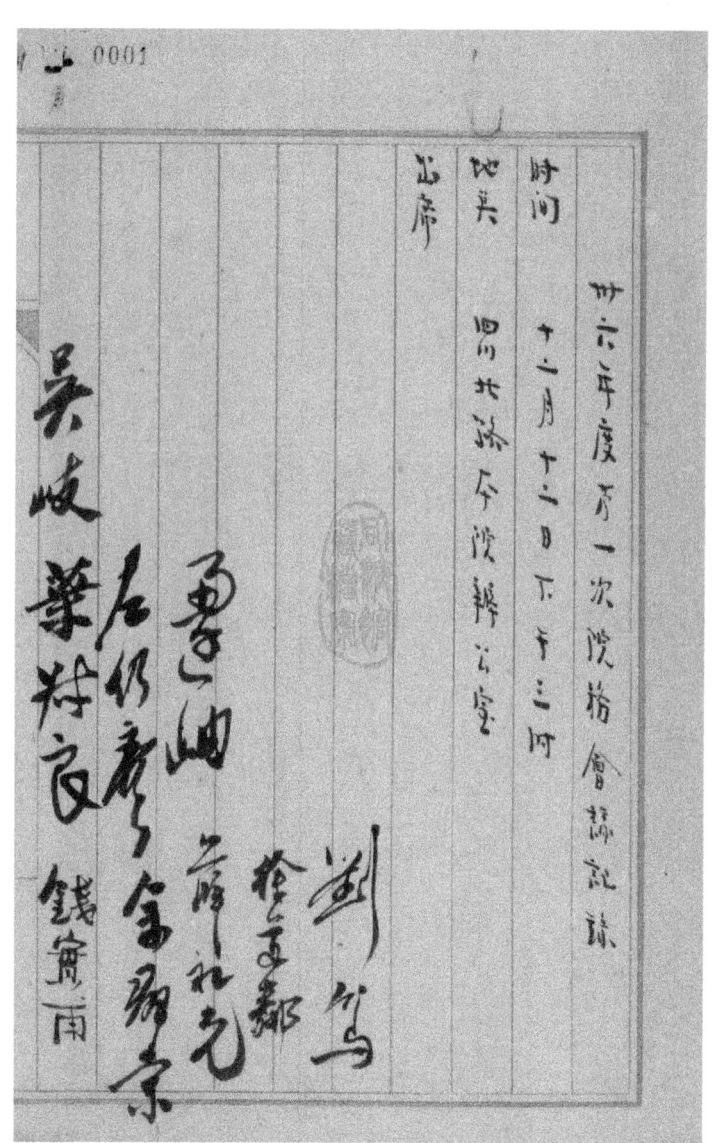

同济大学法学院民国36年度第1次院务会议记录，
左仍彦等教授出席并签名

國立同濟大學 教員授課時數月報表

法學院　36年度 4 月份　填表日期 37 年 4 月 20 日

姓名	名義及兼職	所授科目	每週時數	起始月日	備註
徐道鄰	教授兼院長	一 票據法(三)	3	3月19日	
		二		月　日	
		三		月　日	
		四		月　日	
劉　駕	教授	一 判例舉例(二甲)	3	3月23日	
		二		月　日	
		三		月　日	
		四		月　日	
顧福滄	教授	一 刑事訴訟法(四)	4	3月19日	
		二 判例組別(一)	3	3月24日	
		三		月　日	
		四		月　日	
吳　岐	教授	一 民法債編總論(二甲)	4	3月22日	
		二 民法總則(一)	4	3月22日	
		三		月　日	
		四		月　日	
俞叔平	教授	一 行政法(三)	3	3月24日	
		二		月　日	
		三		月　日	
		四		月　日	
左承彥	教授	一 行政法(三)	4	3月19日	
		二 行政法研究(四)	3	3月19日	
		三		月　日	
		四		月　日	
葉祖良	教授	一 行政法(二甲)	3	3月18日	
		二 國際公法(三)	4	3月18日	
		三		月　日	
		四		月　日	
蔣祀先	教授	一 民法講習(三)	2	3月18日	
		二 民法物權(二甲)	2	3月23日	
		三 民法物權(二乙)	2	3月24日	
		四		月　日	

同濟大學法學院民國36年4月教員授課時數月報表

总　序

　　同济大学的法科教育,可溯至1914年11月同济大学接收青岛特别高等专门学堂法政科9名学生。1945年9月13日,南京国民政府教育部训令同济大学:"兹为积极培植法律人才,该校自本学年度起成立法学院,并先设法律学系开始招生,仰迅筹办具报,此令。"同月,同济大学发布增设法学院并先添设法律学系布告,筹办法学院,并于当年12月正式开学。

　　自清末修律以来,近代中国法制变革以日本(清末)、德国(南京国民政府时期)为宗。但在法律教育领域,介绍德国法学者独付阙如。同济大学之外国语文向以德文为主,教育部训令同济大学增设法学院,应是基于上述考量。故此,同济大学法学院之课程及一切设施参照德国法律教育制度,是近代中国法律教育史上唯一一所以德国法为特色的法学院。

　　同济大学法学院能在近代中国法律教育史上留有一席之地,除了德国法特色外,与法学院在短时期内汇聚了一批国内名家,有莫大的关联。法学院首任院长胡元义教授为南京国民政府教育部第一届部聘教授(第一届部聘教授中唯一的法科教授),民法造诣深厚;继任院长徐道隣教授为德国柏林大学法学博士、一代法学大家;代理院长薛祀光教授为中山大学法学院创始院长,精研债法;代理院长张企泰教授为法国巴黎大学博士,并曾任德国波恩大学及柏林大学法学院研究员。范扬、余群宗、吴岐、俞叔平、顾福漕、刘笃、钱实甫、萧作梁、何远岫、叶叔良、左仍彦、陈盛清、谢怀栻、丘日庆、余鑫如、林诚毅、胡继纯、曹茂良、朱伯康诸教授皆学养深厚、术有专攻、著述不辍，堪称一时之盛。

值此学习贯彻习近平法治思想，开启法治中国建设新征程之际，同济大学法学院奉"同舟共济"之校训，怀"继往"之心，全面整理同济法学先哲著述，纪念同济法学先哲；秉"开来"之愿，勇担"立时代潮头，育法治英才，发思想先声"的历史使命。"同济法学先哲文存"的编辑出版，为同济大学法学院"四分之三世纪再出发"构筑了历史底色，也为全面推进"新法科"建设提供了丰富的先哲智慧。

同济法学先哲，执教同济之先，大抵皆曾掌各名校教席有著誉者；1949年院系调整后，虽散落各方，亦皆曾为新中国法制、法学与法律教育的创建著有功勋。"同济法学先哲文存"的编辑出版，非仅以存同济法学院一院之学，亦拟为中国法学涵化百廿年传统、再创新章略尽绵薄之力。

谨此为序。

"同济法学先哲文存"编委会
二〇二〇年十二月

凡 例

一、"同济法学先哲文存"收录近代同济法学先哲所著,成就斐然、泽被学林的法学文存。入选作品以名作为主,或选录名篇合集。

二、入选著作内容、编次一仍其旧,率以原刊或作者修订、校阅本为底本,参校他本,正其讹误。前人引书,时有省略更改,倘不失原意,则不以原书文字改动引文;如确需校改,则出脚注说明版本依据,以"编者注"或"校者注"形式说明。

三、作者自有其文字风格,各时代均有其语言习惯,可不按现行用法、写法及表现手法改动原文;原书专名(人名、地名、术语)及译名与今不统一者,亦不作改动。如确系作者笔误、排印舛误、数据计算与外文拼写错误等,则予径改。

四、原书为直排繁体,除个别特殊情况,均改作横排简体。原书无标点或仅有简单断句者,增加新式标点;专名号从略。

五、原书篇后注原则上移作脚注,双行夹注改为单行夹注。文献著录则从其原貌,稍加统一。

六、原书因年代久远而字迹模糊或纸页残缺者,据所缺字数用"□"表示;字数难以确定者,则用"(下缺)"表示。

目 录

行政学概要(节选) ………………………………………… 1

行政法概要(节选) ………………………………………… 47

比较宪法(节选) …………………………………………… 75

各国国会制度(节选) ……………………………………… 151

各国政党政治(节选) ……………………………………… 197

左仍彦先生著述 ……………………………………………… 233

编后记 ………………………………………………………… 235

行政学概要（节选）

绪 论

一、行政学的意义与范围

"行政"(Administration)一词,应用至为广泛,吾人常闻有所谓政府行政、自治行政、实质意义的行政与形式意义的行政等名词与类别。不过本编所述,不在个别的研究,而在综括说明行政的组织、管理及效率等,普通名之曰"行政学"(Public Administration)。关于行政学最初下定义者,当推威尔逊(W. Wilson)。威氏说:"行政的范围,就是公务的范围,研究行政学的目的,是要免除单靠经验而发生之紊乱与浪费的执行方法,达到建立在强固的原理之上,所以行政学,就是执行缜密而有系统的准则。"(见威氏论文"The Study of Administration")以后各行政学家都相继下有定义。古德诺(F. Goodnow)说:"行政的功能,是执行适当权力机关所宣布的法律或意志。"(见古氏著 Principles of Administrative Law of United States)怀特(L. D. White)说:"行政,就是公务的执行,行政活动的胜利,就是迅速的与经济的达到公务圆满的成功。"(见怀氏著 Introduction to the Study of Public Administration)韦罗毕(W. F. Wiloughby)说:"行政一词,在政治学上,有两种意义:就广义言,行政是泛指政府的各种实际行动,而不注重于政府的任何一方面,如谓立法方面的行政、司法方面的行政、行政机关的行政,均无不可,故广义的行政,乃包括整个政府的作用在内,但就狭义言,行政乃单指行政机关之活动而言。"(见韦氏著 Principles of Public Administration)综上所述,可得一结论:行政是国家统治权所发生作用之一种,依法令规定,在其权限内,执行事务的行为。在狭义上,限于行政机关的活动;在广义上,凡政府的活动,属于事务之执行者,皆得谓之行政。行政学就是用最经济与最有效的方法,处理政府事务的科学,换言之,可谓"政府事务管理学"(The Science of Public Administration),凡政府事务,有关组织、管理及效率等,皆在其研究范围之内。

二、行政学与行政法

行政学本包括于行政法学中,将行政学从行政法学中分出,是近数十年的事实。此因从前研究行政者,只注重法规,而未将增进行政效能的问题加以研究,因此行政学就不能成为独立科学,亦即行政学在过去没有地位的原因。但行政学本身的重要,并不因此而减少,因现代国家职务日繁,行政经费日增,人民负担日重,对于政府管理事务之迅速、经济与效能的要求,日益急切,于是欲解决此问题,不得不以科学方法研究行政,因此行政学遂成为独立的科学。但行政学的范围,是与政府组织的机关及人民组织的团体有密切关系。而行政法亦以规定此种关系为目的,究竟区别何在? 不能不有所辨识。古德诺、富恩德(Freund)诸氏对此有比较切当的说明。古德诺说:"行政法是公法中规定行政权力者之组织与职能,并明定行政权力者对民权侵犯时之惩处及补救。"(见古氏著 Comparative Administrative Law)富恩德说:"在现代所谓民主主义之行政组织下,实缺乏足以产生最大效率之专门智识与技术,因政府的活动日趋扩大与复杂,无专门知识与技术,不易为有效的处置。但因行政权力日渐膨胀,而防止行政权力滥用之要求,亦随之猛进。行政官吏既有妄滥错误之可能,故个人权利的保障与行政效率的增加,实有同等的重要。"(见 Proceedings, Am. Pol. Sie. Association)依据上述,可见行政法的功用,在确定行政权力者之法律地位,并防止行政权力之滥用与枉职,以保障人民的法权;行政学的目的,系在研究行政权力者如何能将其职务为最经济与最有效的实施与推进。换言之,行政法的对象,是属于法律范围;行政学的对象,不是法律关系,而是研究处理公务之效能的方法。此两者截然不同,已可概见。同时,行政当然受行政法的约束而遵守其规定,在此范围内寻求其最有效的公务行为。其所求得的结论,亦足成为行政法规的标准。故此两者虽有性质上的差别,但却有相生相成的关系,因此两者所研究的对象,均为行政。

三、行政学之历史的演进

自产业革命发生后,世界各国政治,随着经济情形的变迁,而发生很大的改革。在产业革命发生前,自由主义(Liberalism)盛行一时,主张个人一切活动,均应听其自由,政府不得有所限制,如亚当(Adam Smith)的《原富》(*Wealth of Nations*)与杨格(Author Young)的《原邦》(*State of Nature*)均持此理论,结果遂造成十八世纪末期政府放任主义(Laissez faire)的学说。如亚氏主张政府的机能,只有三种:1. 防御敌国的攻击,2. 维持国内的治安,3. 从事人民的教育。后来继亚氏而起的学者,尚有更严格的主张,就是将国家有从事教育的任务,也要划出,主张将政府的权能,缩减至最低限度,谓国家所办之事愈少,人民自由乃愈多。此为放任主义之重要理论。但至产业革命完成后,大规模的工厂制度产生,一般手工业者失所凭借,不得不借劳动以维持生活,屈服于资本家势力之下。由是资本家在"钱能生钱"之运用下,遂使富者愈富,贫者愈贫,而形成资产阶级与无产阶级之两大壁垒。资本家为保持其特殊利益,主张扩大政府职权,对怠工、罢工、劳动组合等运动,加以有效的制裁;劳动者为增进其幸福,改善其生活,亦赞成由政府方面加以保障,以社会立法等方式加以规定。各国政府在此情形下,为维持社会秩序,防止革命发生,对于放任主义之事权不一、系统不清、责任不明、效率不强的行政政策,自感觉不能适应当时的环境与需要,于是不得不一反从前之所为,而采取干涉政策。此干涉主义(Intervention)所以代放任主义而兴起的原因,亦即行政上一个最大的转变。自干涉主义兴起后,亚当的自由主义,已经被一般人认为不符实际需要,而遭唾弃,向以自由贸易放任主义为传统政策的英国,亦一反从前态度,不仅在对外贸易国际竞争上,由政府协助规划为积极的猛进,即对国内的社会事业、经济活动,亦莫不舍放任主义而行干涉政策,如统制经济及计划经济,即其明例。美国行政一向采制衡原理(The Principle of Checks and Balances)及欢迎强大的行政机关,以保持"以权制权"的均势局面,但自一九〇一年起,在各市政府方面,有委员会制(Commission Plan)之采用,以谋集中事权,又有市经理制(City-Manager Plan)之实行,以确定其责任,冀收统一之效。在联邦政府方面,有经济效率委员会(Commission on Effieiency and Economy)及预算局(Bureau of Budget)之设立,以改进行政管理。凡此种种,皆在消除行政上之挥霍、浪费与困难,以期获得最经济与最有效之行政管理。其他如德、意、日诸国亦无不盛唱统制经济及计划经济,以扩大政府职权,增加行政效率。此为干涉主义兴起后,世界各国政府行政的一般趋势。故自历史的观点言,行政学的演进,由自由主义时代而进于干涉主义时代,由消极的个人经营时代而进于积极的政府规划时代,由紊乱无序的挥霍浪费时代而进于科学管理的经济有效时代,环境促成,事实需要,非偶然也。

四、行政学所研究的问题

行政学所欲研究的问题,分析言之,不外四大部分,即行政组织、人事行政、财务行政及物材行政。

（一）行政组织（Administrative Organization）

行政组织是行政学上之基本问题。有完善的行政组织，然后才能达到行政效能化与经济化的目的，因此，行政组织的优劣，关系行政至巨。此部分在说明担任推行政府行政的机构，究宜采取何种原则，为何种形式的行政组织，何者为统率机关，何者为运用机关，以及对各国现行的行政组织，加以申述，以为行政组织之规范。

（二）人事行政（Personnel Administration）

有完善的行政组织，亦须有贤能的公务员，方能为有效之运用。此部分在论述人事行政的基本观念、建立人事行政的基本制度、增进人事行政效能的重要方法，以及对各国现行的人事行政制度，加以分析，以为人事行政之准绳。

（三）财务行政（Financial Administration）

现代社会进步，事业繁多，政府需要的财力与支出的数量，亦日见增涨，故财政一项在政府行政中实占极重要的地位。此部分在论述财务行政的基本观念，国家收入行政与支出行政所应采取的原则，预算制度应如何应用，会计与审计制度应如何实行，以及对各国现行的财务行政机构与管理方法等加以说明，以资借镜。

（四）物材行政（Administration of Material）

有行政组织、行政人员及行政经费之后，政府自须设备及购置物材器具以供应用，而达到推进行政事务的目的。故物材行政，亦为政府的必要职务。关于此种设备及购置之有效方式及程序，物质、质量之标准与鉴别应如何规定，以及物材应如何保管与支配等，均于此部论述之。

第一编　行政组织

第一章　行政组织的基本观念

第一节　行政组织的理论

一、行政组织的意义及其重要性

行政是国家统治权所发生作用之一种,依法令规定,在其权限内执行事务的行为,行政组织即为表现此项行为的组织;换言之,即依法令规定,在其权限内,实际执行国家各种事务的机关。由此可见,行政组织是国家行使统治权表现的行为,倘无此组织,则国家行政作用,无由产生。同时,国家各种事务之实际执行,情形至为复杂,并非一机关所能完成,事实上须由数机关或数部门分别担任,或须上下相承,或须彼此合作,在此情形下,各部门的权能如何决定、业务如何分配及关系如何调和等,又非有合理的组织不可,倘无合理组织,则不能使各部门有统一的活动,而达到共同的目标。故行政组织是产生行政作用的基础,组织合理化是行政效率应有的要素,在行政上至为重要。

二、行政组织的决定权

行政组织决定权之归属机关,就各国和地区现状言,可大别为三类:一为属于民选的议会,如美国是。美国为严格三权分立的国家,行政与立法采"制衡"原理。又为重视民主主义的国家,适用"民主统制"原则,故将行政组织决定权归诸民选议会,以便统制。惟自第一次欧战后,美国议会对于行政组织的决定,仅及于大纲,细目则委诸行政机关自行规定,甚或有未经议会委任,行政机关得从事所谓"新行政"之设施。二为属于执政的内阁,因在采行议会内阁制的国家,内阁总理对议会负政治责任,内阁在议会信任之下,能独断的行使其职务,故将行政组织决定权畀诸执政的内阁。惟在此制下,复有两种情形:(1)须得议会赞同而以法律形式规定者,如英国是。英国内阁决定行政组织,须经议会赞同,但英国议会关于有实质行政组织的规定,多委诸内阁决定,故英国内阁决定行政组织的权能,乃是"委任立法"的意义,与美国制度实际颇为接近。(2)无须经议会赞同由执政内阁命令决定者,如德国是。德国关于一般的行政组织决定权,即官制权,认为是行政之一部,倘无宪法或法律特别规定,由执政内阁决定。三为属于执政的机关,如我国台湾地区是。我国台湾地区采取政权与治权划分原则,"立法院"与"行政院"同属行使治权机关,"立法院"对于有关行政组织的提案予以议决,只是完成"法律的形式"而已,与欧美各国制度,均不相同。故我国台湾地区的行政组织决定权,可谓实际属于执政机关。惟"立法院"对行使政权的"国民大会"负责,其议决行政组织的提案,含有"民主统制"的意义,是其特色。至行政组织决定权,应属何种机关始为合理,则未可一概而论。就"民主统制"观点言,属于民选议会,理所当然;就行政效率观点言,属于执政机关,较为便利;再就实际事例言,美国的民主统制仅规定大纲,英国的委任立法由内阁决定,俱不失为优良制度。

三、行政组织的工作性质与内容

行政组织是推行行政工作所应用的工具,工作性质不同,工具自随之而异,内容亦因之有别。行政组织所推行的工作,按其性质可分为四种,因之行政组织的内容亦可分为四类:(1)为领导性与监督性的工作,执行此工作的机关,为命令与控制的组织,是为行政组织的统率机关,此中包括行政首长及政务官等;(2)为业务性与实作性的工作,执行此工作的机关,为专业与技术的组织,是为行政组织的实施机关,此中包括本部机关,派出机关及营业机关等;(3)为赞襄性与工具性的工作,执行此工作的机关,为助理与事务的组织,是为行政组织的辅助机关,此中包括全面辅助机关及局部辅助机关等;(4)为设计性与研究性的工作,执行此工作的机关,为顾问与研究的组织,是为行政组织的参谋机关,此中包括咨询机关及设计机关等。本编除关于行政组织的基本观念外,即就此内容,分别叙述之。

第二节　行政组织的体制

一、自治制与吏治制

就行政人员产生之方式言,行政组织可分为自治制与吏治制。凡依据主权在民的民主主义,认行政人员应由人民选举,被选举者对选举者或人民负责,任期有一定的限制,是为自治制;反之,为政治稳定及工作效率,认行政人员不必由选举产生,应经过考试,依法委用,按才任事,被委任者对上级权力者负责,其任期若无过失,可终身任职,是为吏治制。此项分类,在现代行政组织中,不甚重要,因现在由人民选举之行政人员,仍受上级机关之指挥监督,因之自治制仍未完全脱离吏治制的范畴。

二、集约制与扩散制

就行政机关所管辖之地域言,行政组织可分为集约制与扩散制。凡以一行政机关管辖一整个区域内之事务者,是为集约制;反之,若将一定区域内之事务,由中央、中间及地方三种机关分掌者,是为扩散制。此项分类,在政府行政上,亦不甚重要。因事实上,政府行政率皆采行扩散制,集约制多行于商业行政。

三、独任制与合议制

就担负行政责任之人数言,行政组织可分为独任制与合议制。凡将行政上之政治责任授予唯一之机关长官担任者,是为独任制,或称首长制;凡将行政上之政治责任分授于若干人担任者,是为合议制,或称委员会制。此项分类,相当重要,因现代行政组织以责任明确为重,宜采独任制,避免合议制。不过事实上合议制往往由一特殊人员主持,已逐渐变为半合议制与半独任制,甚至有独任制之实质。

四、独立制与完整制

就行政组织之横的关系言,其形式可分为独立制与完整制。凡行政机关能自为独立单位,彼此不相关连,直接统率于行政首长或立法机关者,是为独立制;凡本分工合作的原则,使各行政组织相互间连成一整个有机体而收分工合作之效者,是为完整制。此项分类,最为重要,因现代行政组织以完整化为原则,于本章第三节申述之。

五、集权制与分权制

就行政组织之纵的关系言,其形式可分为集权制与分权制。凡中央政府对下级机关或地方政府及人民有完全指挥统率之权力,下级机关或地方政府之行政措施皆依据中央政府所制定之规律与法令而行为者,是为集权制,或称集中制;反之,下级机关或地方政府在其管辖范围内有完全自主之权力,中央政府对之不加干涉,是为分权制。此项分类,亦甚重要,因现代行政组织,日趋集中化,亦于本章第三节申述之。

第三节　行政组织的趋向

一、完整化

(一)完整化为行政组织的原则

行政组织完整化,为现代行政学者所公认的原则。因欲使政府的行动敏捷,效率增加,各种行政机关必须能巧为配合,相互沟通,成为不可分离之完整的有机体。各分支机关只是整个机关之一部,本分工合作之精神,分配其职务,推进其事务,各分支机关之上,有行政首长,总揽其成,而收集中统一之效。在此制度下,各分支机关仅为附属的单位,各机关的长官须同受行政首长之指挥,以处理事务,决不能自成个别或独立的组织,如是则各种事务方能相互协调,并行不悖,达到共同的施政目标。

(二)完整化的优点

第一,能使政府组织简单与统一,工作上可以减少浪费与困难;第二,能使责任集中,有整个的工作计划,且行动敏捷,责任分明,不致发生迟缓及推诿之弊;第三,有适当的分组,因此各种事务可免除管辖权之冲突与工作上之重复;第四,易于集中技术人才及利用特种设备,使政得其人,人尽其才;第五,使行政手续与法规得有一定的标准与便利;第六,有实行集中购置、保管、供给、支配人选与会计等便利,因之可建立预算制度的真正基础。

(三) 完整化的要件

完整化之第一要件为职掌明确,质言之,即凡性质相同的事务,应划归一个机关管辖,不得分割;凡与该机关性质不同的事务,应完全排除,不得混杂;此即各机关本身机能统一的原理。完整制之第二要件为责任肯定,质言之,即凡事关全局及行政政策者,应由机关长官(如部长等)决定,各该下级机关(如司、科、股等)不得擅自处理,以免工作上冲突及重复之弊;凡事关常务及技术应用者,在各该主管下级机关(如司、科、股等)之职掌范围内,自可负责处理之,不必请示机关长官,以免积压及拖延之弊;此即各机关本身分层负责的原理。有此两种条件,然后方能促成完整制之实现,与获得完整制之利益。

(四) 完整化的实例

(1)英国:英国的统率行政组织为财务委员会,该会不仅对于各行政机关的财政能为有力的控制,即对于行政机关的设置、公务人员的任用、国家经济的支配、社会事业的举办,皆有决定的权力及责任。为完成此项任务及责任计,彼对于各行政机关之实际情形及需要,必须有切实的明了及调查,并考察各种行政活动之推进是否获得最大的效率。故英国财务委员会在运用上颇有完整制中所需要之促成合作、统一及避免冲突、重复等功能。英国的技术行政组织,有工务局以统办各行政机关之房舍、场所及其他公共布置之建筑及购置;有印刷局以办理各种印刷及文具之购买;有审计部以考核各行政机关之财政的收支。工务局及印刷局俱附属于财务委员会,直接受其指挥与统制,审计部并非行政机关之所属部分,其性质乃立法机关用以审核监察政府收支的组织,但财务委员会对审计部的官吏有委任的权力,因此种种关系,财务委员会对各机关的工作计划及技术行政,均具有整个统率的权力,以完成英国行政的完整制。(2)美国:美国行政完整制真正的实施,可谓自一九二一年预算局(Bureau of Budget)设立之后起。预算局的权力甚大,有编制预算之权,有征集、修改、减少或增加各项估计之权,此外又可召集各行政部开会,研究各部情形,以作改革之根据。预算局统率行政,虽不足以比英国的财务委员会,但其趋势则相同。其他关于技术行政组织,应用科学管理,以事务技术性为分类标准,而组织若干调整委员会,设置调整长(Chief Coordinator),所有各种技术机关,皆在调整长管辖之下,受预算局的指挥与统制,成为调整机关,以促进行政的完整。故美国自预算局设立后,总统有所凭借,以统率各部会的活动及明了各部会的情形,得以确定各部会的责任,促进各部会的合作,而收行政完整之效。

（五）完整化的限制

完整制极度发展,易引起任用私人的分赃制与滥用职权的独裁制,但权其利害,完整制究比独立制为愈,不能因噎废食,故欲收完整制之利而防其弊,不能不有所限制。限制方法有二:一为法律限制,即国家对行政法规严密规定,一切行政活动以法律为准。二为政治控制,即人民对行政长官,遇有违法行为,如任用私人与滥用职权等情事,人民可用罢免权或弹劾权,加以控制与防止。

二、集中化

（一）集中化的趋向

行政组织集中化,乃中央行政组织与下级或地方行政组织间,一种相互关系的形态,此种形态,随时代之演变而前进。在交通未发达时期,孤立的农业经济,成为社会组织的基础,当时行政上之集中组织未见发达,且亦无此必要,分立组织,对于当时行政的进行,反较妥当。殖民地时代及初独立的美国,封建时代的欧洲各国及日本,均系如此。自产业革命完成后,大工厂制度发生,人口集中,都市发达,社会经济基础根本改变,昔日之自给自足的经济单位如农村乡村等均失其作用,工商业均有联合经营的集中趋势,政府为应付此种新兴的经济环境,自不得不在行政上采行集权制度,以收指挥灵便之效,故英法两国对各地方政府有全权统率的集中制。美国自南北战争后,中央政府职权大见扩张;俄国大革命后,实行无产阶级专政,采取集中制;其他如德、意、日诸国,一时盛倡"法西斯主义",更使行政组织极端集中化;在帝国主义压迫下的弱小民族国家,为集中力量解除束缚计,亦无不采取集中制的行政组织,以增强政府权力。第二次世界大战后,各国中央政府的权力,更日益强大,故行政组织集中化,实为今日最盛行的制度。

（二）集中化的实例

（1）英国中央政府,除对直属下级机关完全指挥外,对郡（County）、市（Borough）等地方政府得颁布各种有关地方行政之法律、命令及规程,核准地方政府所拟定之规律以确定其法律上之效力,批准或批驳地方政府之请求事项,并解决地方政府与其他当事者所发生之冲突,审核地方政府之报告并调查各地行政情形。地方政府依法履行某种条件时,中央政府得拨款协济,地方政府之行政措施倘有失当、违法、枉职等情事,中央政府得依法纠正或惩处。(2)法国为极端集中化的行政组织,中央直属机关无论矣,即地方政府中之州（Département）、区（Arrondissement）等行政长官,如州长（Prefect）及州佐（Sub-prefect）皆由中央政府委派,直接统属于内政部。最低级的地方行政单位之市、集政府（Commnne; Township）虽微有地方自治权,但法律上及事实上均受上级政府之切实管辖。各市集政府之预算案须受州佐之审查及修正,各市、集长（Maire;

Mayor)得由总统或州长撤换或调动,州长对各区市行政有干涉的全权。总之,法国行政制度,系充分表现大陆派的色彩,而具有极度的集中精神。(3)美国为联邦国家,行政组织虽未能如欧洲大陆各国的极端集中化,但联邦政府得将意见或计划通知下级政府使之采择施行,遇有必要时得将某种行政活动之一部或全部收归中央直接办理。各邦(State)政府对郡(County)、镇(Town)或镇区(Township)或区(District)、市邑(Borough 或 Village)等地方政府,有发布命令及强制执行之权。地方政府之设施,在某种情形下,须事先请求上级政府之核准,方能举办;地方政府之推行事项,上级政府有纠正或制止之权;地方政府之财政收支,上级政府有审计或考核之权。(4)我国台湾地区实行单一制,在理论上,一切行政权力,皆属于"中央政府",各下级政府的权力,皆自"中央政府"引伸而来,"中央政府"为最后行政的权力者。在实际上,我国台湾地区的制度,与欧洲大陆派之法国情形相似,上级政府对下级政府的负责长官有委任更调之权,有发布命令强制执行之权。下级政府对上级政府之指挥有遵奉实行的责任;下级政府之设施,对上级政府,事前须请示,事后须报告;下级政府之组织条例及重要法规均须经上级政府之决定或核准。总之,下级政府为上级政府之委任机关,前者对后者负完全责任。

(三)集中化的优点

(1)易于促成完整制之实现:完整制之实现,固非全赖集中制,但集中制能集中权力,易促成完整制之实现,则为无可否认之事实。(2)易于选拔行政人才:选拔人才,倘由中央政府主办,则因名义、地位等关系,资历较优者均乐于参加,挑选之机会较多,倘由低级政府办理,则此辈人员将持不屑观念,不肯轻于应试,挑选之机会减少,颇难取得优秀的人才。故就行政人才之选拔言,集中制实优于分权制。(3)易于划一行政政策:行政组织集中化,有划一行政政策之便利。行政政策之划一,对于若干特殊的行政事项,每为必要的原则,例如租税政策、社会政策及警察行政等,皆不可违反此原则。

(四)集中化的限制

所谓行政组织集中化,并非中央政府为所欲为,为免发生流弊,须有下列之限制。(1)行政事务之分配,应以获得有效之利益为目的:凡事务有关全体人民之利益者,可划归中央管辖,仅涉及地方局部之利益者,仍划归地方管辖,当地方力量不足推行某种事务时,中央可协助之。(2)行政活动之程度应以不伤害下级政府之责任心为原则:中央政府如过于集权,干涉地方性质之一切事务,地方政府对其活动将失去责任心,仅视为上级命令之执行者,反使国家政策不易为有效之实现。(3)行政权力之行使应以民主主义为基础:中央政府能否及应否将人民最有关系或最为重要之地方事务,完全收归中央直接办理,实一重要问题,如地价之估定、地方税之平均等事务,实具有地方性质而非普遍利益,应征询地方人民意见,获有结果,然后决定由中央或地方政府办理,方为妥当。(4)行政区域之划分,应以大小适当为原则:行政区域不能过大,亦不能过小,过大则事繁人忙,难为精密之处理,过小则事简人闲,徒增国家之负担。以今日政治趋势及交通情况言,行政区域渐趋扩大,但对此问题不应仅顾及表面因素,同时应顾及政治、社会及经济环境等,以求适当之配合。(5)行政手续之厘订,应以简化为原则:行政组织愈集中化,管辖之层级必愈多,公文之转递必愈繁,经济、时间两蒙损失,欲减除此弊,只有于行政系统力求简明,繁文缛节力加淘汰。

第四节　行政组织与外界关系

一、行政组织与人民

（一）基本民权与行政

行政组织的最高目的,在管理众人之事,因管事而不能不涉及管人,因管人而不能不涉及人民所应享有之权利,因此,行政机关的活动,与人民权利之保障或干涉,发生重要关系。人民所应享有之基本权利,归纳之不外两种:一为自由权,包括信仰、居住、迁徙、通讯、结社、集会、发表言论、著述、出版及身体等自由;一为财产权,包括财产所有权、财产继承权及自由营业权。与人民之自由权相对立者,行政机关握有一种权力曰治安权,政府为维持社会秩序及保障人民的和平与安宁,得行使取缔、禁止、搜查、逮捕、拘禁等权。但行政机关行使此种权力时,不得为任意的滥用,须有严格的限制。第一,行政机关须有确定的管辖权:行政机关的管辖权有一定范围,非握有此权者,不得妄为行使;第二,行使职权须有合法的审判与执行:政府行使治安权,不得由军事或行政机关武断的审判或执行,必须交由法院依法定程序为公开的审理;第三,行政官吏须受法律的裁判:政府官吏倘有违法或失职行为,害及人民之自由权者,受害人得向管辖法院控告,违法或失职官吏须到庭受审,受法律裁判。与人民之财产权相对立者,行政机关亦握有一种权力曰征收权。政府为开支政费或特殊需要,有征收租税或土地等权,但此亦须有严格的限制。第一,征收机关须有确定的管辖权:征收租税或土地,必须由握有此管辖权之征收机关办理;第二,政府征收租税或土地,须完全为公共之用:国家税收须为完成国防、发展社会事业及推行其职务之用,征用人民土地或损毁其他财产,政府应给以公平的代价;第三,人民的负担或享受,须为公平一律的待遇:无论税收或土地征用,政府须公平处理,不得因人民的地位或身份不同而有歧视。

(二) 公民政权与行政

在现代民主自由国家中,人民除享有基本权利外,尚应享有选举、罢免、创制、复决四种政权。依《中华民国训政时期约法》之规定,在完全自治之县,方能享受此四种政权,盖此专指训政时期而言,倘至宪政时期,当然不受此限制。此四种政权,除创制复决关系政府立法外,其涉及行政者以选举、罢免两权较为重要。关于选举权之行使:除人民代表或议员外,各级政府中之重要人员如总统、省长、县长等,固多由人民选举,即其他官吏如监察官、考试官、司法官等,为提高其地位,保证其独立,亦应由人民选举。政府官吏之贤愚及行政之成败,全视人民对其选举权能否为适当之行使及有效之运用以为断。关于罢免权之行使:政府官吏就职后,如其行动有违法枉职,害及人民利益时,不必待其任满,人民得经过一定的合法手续实行罢免。此不但民选官吏为然,即经考试合格,依法任用之公务人员,亦应同受此种控制。有此规定,方足以促进吏治之澄清,与防止公务员之违法。总之,为实现"权""能"划分的有效行政,不能不采取此种制度,使人民对此两种政权为适当之运用,必如此,然后方能造成代表人民利益及服从人民意志的有能政府。

(三) 人民团体与行政

人民团体与行政机关的关系,约有两端。就消极方面言,人民团体足以防止行政机关之滥权,有权者必滥权,乃行政活动不可否认之事实,防止之道,在于以权制权。国家倘有强有力及健全的人民团体,则人民的意志集中,行动统一,政府当局之滥权设施,如违反人民根本利益时,此有力的团体,可随时为有效之表示或自卫,甚至可起与之抗,作有力之抵制。因此之故,政府当局有所顾忌,而不敢恣意横行,往往消除滥权枉法于无形。就积极方面言,人民团体足为完成政府政策的助力。倘使全国人民势如散沙,则政府之行政设施,必因秩序紊乱,不得要领而徒劳无功。若各界民众能分别为有纪律的组织,则政府政策因有此健全团体之拥护或协助,纲举目张,切实施行,自易收事半功倍之效。至宪政时期,人民于行使其选举、罢免、创制、复决诸种政权时,若有人民团体为之凭借,则更为有力而易行。

二、行政组织与政党

(一)政党与行政政策的制定

政党组织之目的,在取得政权以谋政见主义之实现,故政党的最大作用,在根据人民的实际需要及社会的公同意见,拟定具体政策,作为政府的进行方针。因此,政府的行政与政党的政纲,必须有平行一致之发展,必如此,政党才能得到人民的拥护,政府才能得到政治的成功。否则,政党即不足以代表人民的利益,而失去根本作用;政府因无政党的赞助,根本上亦无政策可言,结果则政治混乱,险象环生。

(二)政党与行政首长的产生

政党在理论上为确定政治责任,在事实上为避免人事摩擦,自然以各该党的忠实党员,担任政府的重要职务,比较妥当。现代一党专政的国家,固纯粹是党人执政,即多党制国家的内阁阁员,亦莫不随政党的成败为进退。故政党欲贯彻其政治主张,必须能指导人民或代表,选出有为有能的行政首长,以负责推行其所属政党的政策。

(三)政党与政府机关的调协

在制衡原理下的分权政治,无论三权分立或五权分立,不免有若干弊端，其最著者为政府机关彼此牵制，行动不灵。欲防止此弊，只有赖政党从中调协，作为维系的中心，因政党握得政权后，则该党党员参加各种政府机关，故在形式上政府机关的门户虽异，而在实际上主持活动的分子则一，自可从中调协，促成政府机关的统一与合作。

（四）政党与政府和人民的联系

人民为推动或制止政府的活动，行使选举、罢免、创制、复决四种政权，在理论上，为个别的执行与直接的运用，不受任何人或任何机关的牵制，但在事实上，人民若无政党的组织，则势力涣散，中心思想莫由建树，一切主张在政治上将不能为具体的表现。有政党的存在，则政党将能运用其组织力，集中相同的政治主张及势力，使之能实际表现于政府活动。故政党实为人民与政府间的联系者，自人民之观点言，政党足以领导人民，增加政治兴趣，对政府事务肯加过问与注意，促成行政进步；自政府之观点言，政党能将政府欲行的政策，向人民解释宣传，免除人民畏难怀疑的心理，使政府功能，得以顺利完成。

三、行政组织与立法机关

（一）立法机关与行政机关的关系

现代各国的行政组织与立法机关的关系，归纳言之，不外两种制度：1. 为行政独立制，或称总统制，以美国为代表；2. 为议会优越制，或称内阁制，以英、法为代表。此两种制度的意义及运用，虽有根本上的不同，但有相似之点：第一，立法机关为最高的权力机关，国家一切法律由其制定；第二，行政首长及阁员皆为立法机关多数党的党魁及党员。由此可见，行政机关与立法机关，实有密切而不可分的关系。

（二）立法机关对行政机关的控制

在议会优越制下，立法机关对行政机关固有全权的控制，即在行政独立制下,前者对后者亦有不少控制的方法。但此控制的权力及范围,须有适当的规定,若此权力过大,则行政机关将因控制过甚而不能有效推行其职务;若此权力过小,则行政机关将滥用其权而危害人民的权利。依据现代政治制度及一般理论,立法机关对行政机关的控制,应采行下列数办法。第一,行政政策应由立法机关决定:因立法机关为人民的代表,应根据人民的需要、社会的利益,决定国家的行政政策,交由行政机关执行;至推行此政策时,实际上所需用之详细方法,涉及专门技术问题,则宜由行政机关自行决定之。第二,设置行政机关应由立法机关决定:行政机关为实现行政政策的工具,而立法机关既为行政政策的决定者,则对于推行所定政策的工具,需否设置或如何设置,自应握有决定权以贯彻其政策。惟此所谓决定权,是指此项权力最后归属而言,如遇必要时,或立法机关闭会期间,行政首长可临时设立,事后请立法机关作最后之决定。第三,国家预算应由立法机关决定:国家预算是控制政府行政最重要的工具,影响国家大政方针与社会利益至巨,立法机关既代表人民有决定行政政策之权,为贯彻其主张,保证其实权计,国家预算应由立法机关通过,方为有效。

四、行政组织与司法机关

(一) 司法机关与行政机关的关系

司法机关与行政机关的关系,至为复杂,且常易发生不可避免的冲突。因行政机关在扩大其活动效率,故常欲以迅速便捷的手段而处决各种事项;司法机关在保障人民权利,卫护宪法及法律,故极端重视法定手续。一方欲其便捷,一方重其手续,其间自生缓急不齐的冲突。譬如言论、结社、出版、通讯等自由,行政机关常因行使其治安权而加以干涉,司法机关则须根据宪法,而为合法之保障。故司法机关与行政机关,在分权理论上,是各个立于独立的地位,在实际行动上,是彼此有牵连的关系。为维持实际关系及免除意外冲突计,司法机关对行政机关应有适当的控制,行政机关对司法机关应有合法的尊重。

（二）司法机关对行政机关的控制

司法机关对行政机关的控制有二:一为对于事之控制,即当行政机关的行为有越权或违法情事时,司法机关得根据宪法或法律有审理之权,且遇必要时,司法机关对行政命令涉及法律问题者,得为适宜之更改或修正。但司法机关亦须顾及行政上之便利与需要,在审理行政案件时,须尊重政府的政策及行政的功效,不得拘泥条文,以致阻碍国家的行政计划;因司法机关的职务,亦在完成国家功能及增进社会福利,其判决自不可不适应社会的需要。至于纯粹行政事务,不涉及法律问题者,司法机关不得过问;即涉及法律问题,无管辖权之司法机关,亦不得过问。二为对于人之控制,即司法机关对行政机关的公务人员有失职或违法情事时,得为合法的审理与惩戒。此项审理与惩戒,现代各国有两种不同制度:(1)由普通法院办理,如英美制;(2)由特设法院办理,如大陆制。我国台湾地区制度系采取后者,关于行政诉讼之审理,由"行政法院"办理,关于公务人员之惩戒,由"公务员惩戒委员会"办理。总之,无论由普通法院办理,抑由特设法院办理,其不属行政机关自身管辖,而为司法机关之管辖则一。

五、行政组织与考试机关

（一）考试机关与行政机关的关系

世界各国向认公务员之任用为行政权之一部,而考试又为任用的重要根据,故此项权力向隶属于行政机关。但行政首长享有自由任用公务员之权,流弊滋多,已为各国所公认,如美国有所谓"分赃制"（Spoils

System），即其明证。故考试制度之是否完善，考试机关之能否独立，关系行政至巨，兹举其要者：一，倘无完善的考试制度，则各种官吏之选择，非由于长官任命，必出于人民选举。然此两者均非良善方法，或易参杂私人情感，或易激于一时冲动，其结果则贤者未必被任，而不肖者有幸进可能；且近代政治，大多为政党政治，无论何党，一握政权，甚易萌安插其党与之私见，倘不以考试制度限制，则异党虽贤，必被排斥，同党虽劣，必被援引，如是则吏治决无澄清之望。二，倘无独立的考试机关，则考试制度虽善，必受政潮影响，而不能发挥其功效。故论及此制，不仅在确立考试制度，尤须在考试机关离行政机关而独立，以行政机关司任用之权，以考试机关司选择之权，两权分立，流弊自免。考试及格而后授职，则行政机关不得滥用私人，因彼之所亲，若为庸愚，则于考试时，未必能见录于考试机关；依工作优劣而定去留，则考试机关不得滥录私人，因彼之所亲，若为驽劣，则于任职时，未必不见摈于行政机关。故考试与行政两权，既具有相互扶助之作用，亦具有相互牵制之必要，实为关系之最密切者。

（二）考试机关的工作性质及范围

考试机关虽应脱离行政机关而独立，但其工作性质实为执行行政事务之一部，换言之，即行政之一种，所谓人事行政是。其工作范围，依《国民政府考试院组织法》之规定，约有两端：一为考选，即凡未任职之公务员须经严格考试，方准任事之谓，如关于文官、法官、外交官、专门技术人员及其他公务人员之考选，典试手续之办理，考选人员之册报，以及关于举行考试其他应办等事项，概由考试院所属之考选部掌管之；二为铨叙，即凡已在职之公务员须切实考核其工作，以为升免之根据之谓，如关于公务员之登记、考取人员之分类、工作成绩之考核、公务员升免之审查、公务员升降转调之审查、公务员资格之审查，以及关于俸给及奖恤之审查等事项,概由考试院所属之铨叙部掌管之。故考试院之考选及铨叙工作,实具有行政性质,而为现代行政学上人事行政之主要的内容。

六、行政组织与监察机关

(一) 监察机关与行政机关的关系

在各国政治组织中,关于监察权之行使,其方式可大别为二:一为议会兼掌监察制(欧美议会政治国家均属此),即立法机关有监察行政机关之权。不过监察权的范围,各国颇不一致,在责任内阁制国家,议会监察行政机关之权较大;在总统制国家,议会监察行政机关之权较小;至于在独裁国家,纵有议会,其监察权可说无有。二为监察独立制(我国古代之御史制及我国台湾地区现行之"监察院"制均属此),即监察权不隶属于立法机关而为单独的组织,其权力较大,具体言之,即立法机关仅限于立法事项,凡监督弹劾政府之权,皆属于独立的监察机关。两制比较,自以后者为佳。因立法机关兼掌监察权,其弊甚多:1.各国立法机关,大多由两院组成,以监察权操之两院,常使政府有两姑之间难为妇之感;2.政党政治之下,议会议员常分为政府党及反对党,反对党之于政府,则吹毛求疵,妄行指责,政府党之于政府,则掩瑕扬瑜,尽力拥护,结果是非颠倒,公道莫明;3.议会职务,在于制定法律,倘并予以监察权,则议员将日处于政争之中,势必放弃其立法本职,而政治愈趋混乱;4.议会分子,良莠不齐,而议员的任期,又不甚长久,狡猾者遂欲借其势力,及时与政府勾结,而政府因欲免除其监察与牵制,又常不惜以禄位相与,于是则吏治混浊,纲纪荡然。凡此种种,皆监察机关之能否独立与尽职,关系行政之大者。

(二) 监察机关对行政机关的控制

立法机关与行政机关之作用,是推进的,犹之机器上之发动机,在于发生原动力；监察机关之作用，是控制的，犹之机器上之调节器，在于防止工作机器各部之失序。政府的重要工作机器而易于失序者为行政机关，故行政机关之能否循序的进展，须视监察机关之能否适当的控制为转移。依《监察院组织法》之规定，监察机关对行政机关之控制方法，约有两端：一为对于人之控制，曰弹劾权，即监察委员对于政府公务员违法、废弛职务或其他失职行为得提出弹劾案于监察院。该案成立后，即将弹劾案连同证据，移送公务员惩戒委员会审议。审议期中，如惩戒机关认为情节重大者，得通知该管长官，先行停止被付惩戒人之职务。审议结果，如经惩戒机关议决被付惩戒人应受惩戒处分者，则依法惩处之。二为对于财之控制，曰审计权，即监察机关对于政府所属全国各机关之预算执行、计算及决算、收入命令及支付命令，以及财政上之不法或不忠于职务之行为，有监督、审核或稽察之权，此项职权在中央由审计部行使，在地方由各省市政府所在地设置之审计处行使之。

第二章　行政组织的统率机关

第一节　行政首长

一、行政首长与政府制度

掌握国家最高行政权，总理国家一切行政事务，为国家最高行政统率机关者，谓之"行政首长"。行政首长因各国政府制度不同，分为两大类。一为国家主权者(人民或其代表)将国家政策决定后,交付政府执行,而由单一之行政首长以总其成,是为单一制,或称"首长制"。此制又分为三种:(1)内阁制,内阁为国家最高行政机关,内阁总理为行政首长,如英、法是;(2)总统制,总统除为国家元首外,兼为国家最高行政机关而为行政首长,如美国是;(3)权能区分制,或称"五院制",行政院为国家最高行政机关,行政院院长为行政首长,如我国台湾地区现行制度是。二为国家主权者将国家政策决定后,交付政府执行,而由若干机关长官分主其事,是为分立制,或称"委员制",在此制下,以中央政府之最高行政委员会为国家最高行政机关而为行政首长,如瑞士是。此两类制度,究以何者为优?就理论言,如欲获得最大的行政效率,必须责任分明,行动敏捷,自以前者为宜;就实例言,极权国家固将一切行政权集中于单一的行政首长以专责成,即民主国家因事实上之需要,亦不得不舍弃后者而采取前者。

二、行政首长的地位

就政治观点言,行政首长是与国会立于平等地位,系脱离立法机关而独立者,因其权力来自主权者之人民,故只对人民负责,立法机关对之无干涉之权,此乃欧美一般制衡原理下分权制之特质。就行政观点言,行政首长乃立法机关之委托人,在负责推行立法机关之决议案及既定政策,彼只能行使立法机关授予之职权,为完成此项职权所采行之方法及实施,有向立法机关报告说明之必要,立法机关对之有考查稽核之权,其地位正如公司中之总经理,须受董事会之监察与考核。不过在私人公司,董事会对总经理有委任及撤换之权,但在采行总统制的国家,总统及国会议员均由民选,不特议会对总统无委任或更换之权,而总统常以人民之真实代表自居,蔑视立法机关之权力,故立法机关对行政首长之行政监督，实不能充分运用。在采行内阁制的国家，虽近似公司组织，国会得通过不信任案以更换行政首长，但或因行政首长之责任不明，或因党派之意见不一，立法机关对行政首长之行政监督，亦不能充分运用。故行政首长虽与公司总经理之职务相似，但其法律地位，则自有别，较之近世盛倡行政首长之总经理化，相差尚远。

三、行政首长的职权

（一）行政首长有连接立法机关与行政机关交通之权

如果使行政首长真实担当总经理的责任，第一要件即在使行政首长成为立法机关与行政机关间唯一连接人；质言之，即行政机关所属各部会处之活动与运用，均须统率于行政首长。各部会处对立法机关不能为直接交通，所有向立法机关之往还，均须经过行政首长，由其转达于立法机关，以免分歧与重复。

（二）行政首长有统率或指挥一切行政活动之权

行政活动，归纳之不外两大类，即组织活动及机能活动。组织活动是在保持或建树各种组织或制度之存在，所谓政务工作；机能活动是在完成或建立此组织或制度所具有之目的，所谓事务工作。两者性质虽不同，但在活动上彼此实相依相成，应采取一致的步骤。为获得统一的管理及有效的方法，则统率或指挥此种活动之权力，应委付于各行政机关及事务有共同管辖权者之官职，此官职即所谓行政首长。行政首长为达到成功有效的目的，彼可自行抉择，采取适宜的方法，使各种活动为一致之进展。

（三）行政首长有任迁所属各行政机关长官之权

为确定行政首长之行政责任，彼对于所属各行政机关之长官应有任用及调迁之权。

（四）行政首长有统一报告之权

如果欲使行政首长的政见或政策得以完全顺利推行，则所有各行政机关对立法机关或人民之报告，应完全经过行政首长，而为统一之发表。此种报告制度在有完善组织的公司率皆行之，在政府行政亦甚重要，否则，行政首长一方对立法机关的关系与责任混乱不清，一方对所属各机关的统率与指挥微弱无力，结果行政完整制必难实现。

（五）行政首长有编制预算之权

行政首长应握有一种最重要的权力，即预算编制权，其目的在使行政首长对政府财源之决定与经费之支配，有整个的计划和统一的措施，以免发生冲突或重复之弊。美国自一九二一年采行新预算制度后，行政渐趋完整，职是之故。

第二节　政务官

一、政务官与事务官的区别

所有在行政上担任工作之人员，归纳之不外两类，即政务官与事务官。政务官为临时执政者，其责任在统率行政；事务官为永久公务员，其责任在实际执行。除行政首长为最高行政统率之政务官外，其余各部会长官、政务次长、副委员长及其他法定机关之长官，皆为统率该管行政之政务官。不过各部会及其他法定机关之长官，是机关长官，为纯粹统率机关；政务次长及副委员长是副长官，一方面为统率机关，同时为辅助机关，具有双重资格，是其特质。无论何种政务官，皆为担当政治责任者，而非专门技术者，其去留以其所属之政党是否继续当权为转移。其他属员所谓永久公务员，均为纯粹事务官，乃专门技术者，而非担当政治责任者,不向立法机关负责,不随政党之胜败而去留。

二、政务官的地位

除行政首长外,一般政务官的地位,均系统率各该主管机关之一般行政,而非专门事务。彼等应向行政首长或其上级机关长官负其全责,所有各该机关对行政首长或其上级机关长官之交通及报告等,均应经过政务官,该政务官对所属部分之活动与工作,应有考核、指导及指挥之权,以收统一之效。故总括言之,政务官所担任之工作为行政上之组织或制度的活动,而非机能或技术的活动,其责任在于领导,而非躬自操作。

三、政务官的条件

事务官须为专门技术家,而政务官则不受此限制,综观各国政务官,大都对所属机关之事务并未有特别训练与专门技术。但此并非谓任何人均可充任政务官而应付裕如,一个居统率地位之政务官,亦必须具备几种重要条件,方能胜任愉快:第一,须为经验丰富之人,对社会情形及环境,须有明了的认识,对公共意见或舆情,能为适当的应付;第二,须为知识充足之人,对公共事务及政府活动须有足用的知识以分析之适应之;第三,须为毅力坚强之人,方能百折不回,为国家担负任重致远的责任;第四,须为思想正确之人,方不致行动错谬,贻误事机;第五,须为气度恢宏之人,对所属人员能知而必用,用而不疑,公正无私,纪律严明,既不致各事把持,演成行政之独裁,亦不致大权旁落,变为属员之傀儡。凡此种种,皆为政务官,无论总体或一部,所应具有之条件,否则,统率不当,必呈分崩离析之象。

第三章　行政组织的实施机关

第一节　本部机关

一、本部机关的性质

本部机关，是隶属于行政首长之下，依法令规定，就一定的行政事务，本身或督率其所属机构实际施行的机关，如行政院之各部会是。故行政首长是最高行政统率者，不负实际施行责任，仅为最高统率机关；各部会一方面受行政首长之指挥监督，为其隶属机关；同时分掌国家各种行政事务，居中驭外，统率所属，又为最高实际施行者，故曰本部机关。

二、本部机关的组织

（一）部长制与委员会制

本部机关因所任工作之性质不同，其组织形式乃随之而异，有采部长制，有采委员会制。凡当一种政策既经决定之后，将推行之责任或权力委付于一个人单独负责执行者为部长制，或称"独任制"；委付于若干人共同负责执行者为委员会制，或称"合议制"。综观各国，行政机关之组织，此两种制度实相互并见，于是发生在何种情形下应采部长制，在何种情形下应采委员会制之问题。概括言之，凡工作系执行性质者，或须直接进行之政务，宜采部长制，因在此制下，易收权力集中责任确定之效；凡工作非执行性质，或非根本行政性质，而是在商讨行政政策之采行,或行政法规之决定者,宜采委员会制,因在此制下,易收集思广益洽合舆情之效。总之,任事宜专其责,议事宜广其谋,此部长制与委员会制之取舍所由定,亦即部长制与委员会制之优劣所由分。

（二）部与会的混合制

将政府事务划分为任事与议事两种,就其性质不同,而决定采用部长制与委员会制,此固合于理论。但行政活动并不如是简单,有时一机关同时兼理此两种事务,如国民政府在三四十年代设立的振济委员会、经济委员会等,即其明例。此等机关的工作范围,不仅在决定政府的政策及拟定关于此等事务的法规,同时在实际事务上此组织亦须亲自为之推进。在此情形下,为使此两种性质不同的任务,得以和谐与适当的进展,其行政组织不得不采部与会的混合制,即建立两个不同的权力者,一为议事的委员会,一为任事的执行官。至采用此制之后,两者间——议事者与任事者——之权力及关系应如何确定?关于此问题之解决,通常有两种方法:一为将议事者及执行者分别建立为独立的或对等的官署;一为将此两种权力全行委付于一个委员会,使此委员会的委员长或秘书长担负执行的责任。无论采取何种方法,但议事者与执行者之权力应为明确之划分,议事者不得干涉执行者之事务,执行者对处理其分内事务应有完全的权力,并负完全的责任,以保障行政效率,而免相互牵制冲突之弊。

（三）部的组织

部的组织,包括部长及本部所属机关之全体而言。部设部长一人,为统率机关,其余皆为辅助机关或参谋机关。辅助机关通常设政务次长、常务次长各一人,辅助部长处理部务,置秘书掌机要及长官交办事项,为全部辅助机关。又设有各司(或厅、署、处、局等),置司长(或厅长、署长、处长、局长等),辅助部长处理各该单位之事务,除总务司为全部辅助机关外,其余则为局部辅助机关。司下更就其事务,细分为若干科,置科长、科员等,以辅助之。此外,各部均置有参事,掌撰拟或审核本部法案、命令及计划方案等事项,则为参谋机关。至其他技监、技正、督学、视察、顾问及专门委员等,或任特殊工作,或系临时设置,非为辅助机关,即为参谋机关,则非各部所通有者。关于辅助机关及参谋机关之性质、地位及种类等,于本编第四章、第五章分别申述之。

（四）委员会的组织

委员会的组织,约可分为四种:(1)为专任委员会,委员以其全部时间供职,政府对之,与其他官吏同样支给薪金,此种委员谓之专任委员;(2)为政府委聘私人组织之委员会,委员仅以其部分时间供职,政府不给薪金,此类委员谓之名誉委员;(3)为由在职之政府官吏组织之委员会,委员皆为有职务之人,一方面参加委员会的组织,一方面不离开本职,此类委员谓之兼任委员;(4)为上述数种方法混合而成之委员会,其方法为任何两种以上混合,在此情形下,凡由政府指定有关该项事务之主管人员参加组织者,谓之当然委员。此数种制度,究以何者为优？实难为概括的论断,全视工作的性质及需要如何,在适当的情形下方能为具体的决定。普通言之,烦重的工作,不宜使不支薪的名誉委员担任,因彼等未受政府报酬,自不肯重负其责任。至于以在职官吏所组织之委员会推行重要政务,亦难望有良好的成绩,因兼任委员只重视本职,对于兼职往往视为无足轻重,颇难望其殷勤尽职。在实际施行中,倘能参照事实需要,采行第一种或第四种组织,比较利多弊少,至委员会的组织形式,有采常务委员制,有采主任委员制或委员长制,但无论采取何种形式,决定政策必以合议行之,对外表现必以委员会名义行之,是则委员制共同遵守之原则。其辅助机关大致与部的辅助机关同,不过其组织较小而已。

三、本部机关的任务

本部机关的任务,可分为两大类:一为政治工作,担负国家既定政策的政治责任,应付外界的各种关系,联系各部会免除工作上之冲突,使在分工合作原则下为有效之进展;二为行政工作,推行本部的实际工作,并指挥监督所属机关之实际工作的施行,统筹全局使本部各单位间免除工作上之重复,处理本部之人事、财务及物资,贡献行政首长各项专门问题之报告及材料。此两者皆为本部机关重要的任务,倘缺其一者,则失去本部机关的地位与使命。

第二节　派出机关

一、派出机关的性质

中央政府的行政机关,归纳言之不外两种:一为设在中央的本部机关,一为散布各地的派出机关。国家政府所需的行政机构,除设在首都的中央各部会外,尚需多数设在各地的派出机关,秉承前者的意志及命令,以完成行政上之任务。此等派出机关,在行政组织上为数甚多,如各地的邮电、路局、海关、税局、国立学校、船厂、营房、要塞司令部及驻在各国的使领馆等,皆为重要的派出机关。故中央政府是一总机关,对于各地的派出机关,是一总监督及指导的作用。各地的派出机关是总机关的分支,代表总机关在各地执行行政职务,其地位与各省、市政府对中央政府的关系不同。各省、市政府系自己负有其政治责任,对中央政府的关系乃政治性质,而非狭义的行政性质。虽然在单一国家省市行政决不能完全独立,然省政府的各厅及县市政府的各局宜视为各该级政府的本部组织,不应认为是上级政府的派出机关。

二、派出机关的设立

（1）设置的权力：派出机关的设置，究宜由立法法案决定，抑应由行政命令决定，乃一先决问题。此问题的内容，包括机关的数目、地点、等级及其管辖的区域。关于此问题的解决，有人主张由立法机关全权决定。实则此等事件，含有大量的行政性质，系政务的推行，而非政策的决定，应由行政机关主持；且此类事务，客观上常多变迁，应随时为迅速的适应，以符社会的需要，若使大权尽操于立法机关，则因立法机关之召集有定时，行动迟缓，势必发生不足与时并进之憾。故最妥善的方法，应由立法机关拟定大政方针，行政机关在不违背此方针之范围内，有自由处置之权。（2）设置的原则：派出机关的组织，有一极重要之点，即适当的分级，此点包括有两方面的意义。第一，此等机关的组织单位，应就其地位的重轻、事务的繁简，划分为高下大小不同的等级，以确定其经费的数目、职员的薪俸及管辖的范围；第二，在此等级有差之组织中的人员等级，宜妥为配置，于必要时得自由调动或提升，使同类的全体派出机关成为运用自如统一的个体。如各地邮政局的组织范围，因地因事而异，为分级的组织，务使权与事称，职同地合。

三、派出机关的权力

关于此项问题，有两种不同的意见：（1）为集权派，此派主张派出机关仅为中央机关的事务处，完全听命于上级，非奉命令不得有所行动，决无自主、自动、自发的权力，即其内部管理如职员的提升、物料的购置等，亦须有中央命令方能办理；（2）为分权派，此派主张在其职权及所属区域之范围内，有完全自主的权力，除有明文规定须请示中央核办之事项外，派出机关的措置，即发生最后的效力，中央机关不得变更之。两者各有其利弊，集权制的优点，为行动一致、政策贯彻及步调整齐，且派出机关在人员管理及物料购置上,亦可少生弊窦及滥妄。其弱点为公文频繁、行动迟缓及费用增多,且中央常昧于地方情形,而不易为合宜之适应。至于分权制的优劣,适与集权制相反,前者之优点即后者之弱点,后者之优点亦即前者之弱点。但为行政效率计,究宜采取何种制度,则又不能为笼统的解答,要在因时制宜,依照各种不同事务的性质及各种特别情形,而决定所应采行之政策。

四、派出机关的监督

派出机关为中央机关之一分支,如欲获得有效与经济的行政,则后者对前者必须有严密的监督,方足以收指臂运用之效。为欲达到此目的,中央机关对派出机关的情形,应有完全精确的明了,质言之,即中央对各地的工作进行、财政状况、人员勤怠及成绩优劣,须获得充分的材料,以资考核。此项材料之获得,方法有二:(1)为报告制,即下级机关依照上级的规定,按期向上级机关作详细的呈报,呈报的形式、内容及材料,须有一贯的系统、明白的分类及精确的记载,以便中央机关据此得以考核并比较相等相类之各地机关的工作成绩及职员勤怠,以评优劣,而定奖惩,故在中央方面,欲达到此目的,须有完善的规定、整个的计划,并建立完备的考绩记载及报告制度,不得为官样文章,奉行故事之举。(2)为视察制,即上级机关随时派员至各处为公开或秘密的视察与调查,书面报告,总嫌失之空洞,不若派员视察之为亲切而实在,且借此足以防止派出机关报告的虚伪,有此视察员及调查员之实地考察,则中央与地方的精神易于贯通,而收监督之效,但视察制用费较多,不宜滥行,以免虚耗公帑。

第三节　营业机关

一、营业机关的性质

营业机关与私人企业相类似,乃营业性质,即此机关向人民出售商品或劳役;而接受此商品或劳役之个人,须依据商业的原则,交付一定的价钱,以为报偿。彼此授受,完全以双方协意为原则,与政府征收租税的性质,截然不同,如邮政、铁路、电报、国营航轮及商业航空,皆其明例。此等机关经济上之收入与支出,与其他政府机关根本攸异,纯粹行政机关之经费系仰仗于政府税款之收入,而营业机关之维持,不能依赖政府之税收,彼须以自身的收入,弥补其自身的支出。此等机关如对政府有所服役或售与,政府必须依照商业原则,如数交付物价,如政府邮件之传递、公务人员之乘车登船,均须依章购票,决不应借词脱免,除非为捍御外侮,为国争命,政府机关亦不得扣留车轮,为无偿之运输。盖营业机关之根本原则,为经济之自给自立,如不绝对遵守私人企业之经商原理,必无圆满结果。政府虽对此等事业,有大量之投资,但彼只能享受股东之权利,即只能依据章程收取红利,至于在交易上,彼与普通顾客,处于完全相同之地位。

二、营业机关的组织原则

营业机关乃具有法人资格的公共公司,不应视之为纯粹政府组织,至少应目之为半官的或准政府的工商法团,彼应自有其根本组织法,以规定其范围、职权及责任。立法机关犹之公司的股东大会或董事会,只能拟定其活动方针、批准预算、支配红利及弥补亏累等事;"中央部会"

如过去的"铁道部""实业部""经济委员会"等,现在的"交通部""经济部"等,犹之公司的理事会,只能根据股东大会或董事会的基本原则,参照实际情形及专门知识为制定较具体的行政实施方案。至营业机关的本身组织,在中央机关之下,各营业机关应设置担负全责的人员,其地位与公司之总经理相同,总揽全体的实际事务,上对理事会或董事会负有全责,下为所属部分及工作人员之领导者,所有此机关对中央的报告及交通,以及中央对此机关的命令,均应经此总经理之手,以一系统而专责任。

三、营业机关的行政原则

(1)为营业机关的行政自主:现代一般行政学者多极力主张营业机关行政独立,因现代社会经济日趋复杂,政府活动日渐扩大,若将营业机关的各种行政问题,统交由立法机关议定,一则因议会人多时短,意见分歧,必难有周密的计划;一则因此等事务率为专门问题,与议者无特殊研究,必难有完满的决定。不过关于行政问题,应分为两大部分,一为行政政策之决定,一为行政事务之实施。前者应由代表人民之立法机关为根本之决定,后者宜由营业机关自行独立处理,换言之,即营业机关之创办,自须由立法机关决定其根本计划及范围。开办后,每年度之拨款数目及应采方针,立法机关亦应有审议之权。至此等机关之内部组织、实际工作及琐碎事务,则应由各机关之理事会或总经理自行决定之。
(2)为营业机关的财政自主:营业机关既有上述之特性,为增进其便利及确定其责任计,应给以财政自主或经济独立之实施,此即谓各种营业机关如邮电、航运等应自有其独立预算、独立会计及独立金库制度。只有在此财政独立之实施下,才易正确测验各业之成败或盈亏。在国家整个预算案中,仅须载明政府对此营业所筹资本金、活动金、准备金数目即足,至其本身之经费支配,则不必如其他行政机关之详细规定,可留由各该主管机关自行决定之。

第四章　行政组织的辅助机关

第一节　全部辅助机关

一、全部辅助机关的性质

行政首长或机关长官除必须担负行政工作外,尚有特殊的政治工作,事务纷繁,责任极重,如欲使行政首长或机关长官亲自担负日常事务或技术工作,事实上决不可能,因一人之精力有限,纵勉强为之,亦必顾此失彼,无良好结果,故为获得行政上之统率有方,总揽得宜计,行政首长及机关长官必须于一般事务,有总揽其成的辅助机关,然后方能完成其任务。此种担负全面辅助任务的机构,是为全部辅助机关。此项辅助机关,因辅助之事项不同,有为辅助长官作行政之统率者,如各部之政务次长是。有为辅助长官作事务之处理者,如各机关之秘书处或总务处是。其性质固各有区别,但对某一事项作全面之辅助,则无异致;换言之,即凡机关长官所有之统率工作或事务处理,皆在某一机关辅助范围之内。此为全部辅助机关之特质。

二、全部辅助机关的地位

全部辅助机关,是辅佐行政首长或机关长官行使其一般职务的助理,直接隶属于行政首长或机关长官,在法律上其自身并无独立地位,所有总揽该管行政活动及工作进行大计,全操于行政首长或机关长官之手。故具体言之,全部辅助机关乃完全是行政首长或机关长官之驭用机关,不能离开行政首长或机关长官而独立,其所作之活动须由行政首长或机关长官命令或指挥之。有人将全部辅助机关,认为是代表行政首长或机关长官统筹一切,实为错误观念,是不可不辨。

三、全部辅助机关的种类

(一)副长官

除美国副总统及我国台湾地区"行政院副院长"有特殊规定外,其余一般行政机关之副长官,皆为全部辅助机关。如各行政部之政务次长,虽为政务官,但辅助部长统率行政之全部,作组织的活动;英美之常务次长,虽为永久事务官,但辅助部长处理事务之全部,作机能的活动;又如委员制之副委员长,除委员长因故缺位时副委员长代理其职务外,其他任务则同于各部次长,为委员长之全部辅助机关。其他行政机关倘有副长官之设置,其地位任务等,大致与此相同。

(二)总务机关

总务机关,或称"行政总枢",掌理各该机关中之经常事务及准备各项材料,用备行政首长或机关长官及各单位专门业务人员得圆满遂行其职务,其本身无所谓权力,完全受行政首长或机关长官之命令或指挥而办理各种总其成及承转的事务,对各专门业务机关无直接指挥监督之权。故总务机关只是事务机关而非权力机关,只是准备机关而非决定机关,只是辅助机关而非管辖机关,只是调协机关而非指挥机关,其工作性质只是对内而非对外,与人民无直接关系。其经办事务,具体言之,有下列各项:(1)文书之处理,如文稿之撰拟、收发及档案管理等;(2)文件之编审,如法规、方案、计划之编辑与审查等;(3)财务之经理,如经费之出纳及财政报表之编造等；(4)物材之购置，如物品之购办与支配及房舍之建造与保护等；(5)统计之编制，如行政资料之搜集、整理及分析等；(6)关系之联络，如有关机关之联系及宾客之接待等；(7)行政之研究，如行政方法之改良及行政效率之增进等。此项机关，在现代行政组织中，无论其组织体之大小，均为必备之机构。如我国台湾地区"行政院"之秘书处、各"部会"之总务司及其他机关之秘书处或总务处科等皆属之。

（三）幕僚长及幕僚

幕僚制度之采行，自古已然，今之行政组织中，更为法规所明定，稍具规模之机关，均有此设置。惟此类人员，有在行政首长或机关长官下主管一行政单位者，如各机关中秘书处之秘书长或主任秘书，总务处司之总务长或总务司长等是；有非主管单位而直接隶属于长官者，如各机关中之机要秘书或秘书等是。前者谓之幕僚长，后者谓之幕僚。两者地位虽微有不同，但其性质则无大差异，均为长官之辅助机关。其任用与去职，应以长官之去留为转移。无论其能力与才具为如何，终必居于辅佐地位，为长官处理事务的工具，不得怀具政治野心，不得担负实际责任，不得居中操纵，不得对外表现，其服务美德，应以忠诚、守分、超然、隐默为条件，否则，骄横专擅，非罹长官之谪，即遭同僚之忌，而失去幕僚的意义。

第二节　局部辅助机关

一、局部辅助机关的性质

现代行政已极度趋于专门化与技术化，机关长官固多为普通政治人才,即使其为某项专家,但其职务为统率行政,作组织的活动,亦不能对所管业务,躬自操作。故为获得业务上之进行有方,措施得宜计,机关长官必须于限定种类之业务,有分司其事的辅助机关,然后方能完成其任务,此种担负部分辅助任务的机构,是为局部辅助机关,或称业务机关。如各部总务司外之其他各司、署、处、局、会等是。此项辅助机关,因辅助之业务不同,为求专门化与技术化,不能不采分工方式,故同时设立若干单位,每一单位则专管其特定业务。此为局部辅助机关之特质。

二、局部辅助机关的地位

局部辅助机关,是辅佐机关长官办理其特定业务的助手,直接隶属于长官,就此观点言,其地位与全部辅助机关同。但局部辅助机关,负督促或实施业务的责任,与所属派出机关或人民有直接关系,其工作性质不仅是对内,而且是对外,因之在此类机关中,视业务范围之广狭、承转手续之繁简及人民直接关系之程度等,有为无独立地位者、半独立地位者,或纯为特种技术人员者。此为局部辅助机关与全部辅助机关重要不同之点。

三、局部辅助机关的种类

(一)无独立地位的局部辅助机关

凡辅助机关长官主管特定业务之单位,其工作性质虽与所属派出机关或人民有直接关系,但不能直接表现,必须由长官之名义行之者,是为无独立地位的局部辅助机关,如"内政部"之"民政司"、"教育部"之"高等教育司"等是。此类机关,最为重要与普遍,为业务机构之主体。

(二)半独立地位的局部辅助机关

凡辅助机关长官主管特定业务之单位,于其业务范围内,对所属派出机关或人民,得以本身之名义行之者,是为半独立地位的局部辅助机关,如"财政部"之"关务署"、"经济部"之"资源委员会"等是。此类机关,亦为最重要的业务机构。惟另有印信,对于主管业务之督饬与进行,得对外行文,其经费于总机关预算之内列有单位预算。但其组织规程,必须依据总机关之组织而制定,其名义常冠以总机关之名称。

（三）特种技术人员

凡辅助机关长官主办特定业务,其工作性质亦与所属派出机关或人民有直接关系,但无主管单位,是为特种技术人员。如若干"部会"之技监、技正、技士及其他专门人员等是。此类人员,在特种业务上始有设置之必要,非一般机关所通有者。

第五章　行政组织的参谋机关

第一节　咨询机关

一、咨询机关的性质

咨询机关,或称"顾问机关",乃对行政首长或机关长官,提供决定行政政策之意见的机关。其意见,或自动提出,或被动提出,惟其所提出的意见,仅能供决定行政政策之参考,而无决定行政政策之效力。如过去的国民参政会,各省、市、县参议会之部分性质是。

二、咨询机关之设置的原因与任务

咨询机关之设置,系为集思广益,以多数人民的意见,或与多数人民利益有关的意见,向政府传达为目的,其意见提供行政权力者之采择,导致行政机关决定某种行政方针,以实现人民所企求的利益。故咨询机关的任务,具体言之,有下列数项:(1)代替人民提供决定行政政策之意见;(2)沟通人民与政府间之关系;(3)增进人民与政府之合作;(4)促成政府对人民有利政策之实现。

三、咨询机关的组织与运用

咨询机关组织不善,运用不当,易滋弊窦,故对此机关不能不有严密的规定与限制:第一,咨询机关应由两类人员组成,一为人民代表,借以广悉舆情,一为政府代表,借以熟稔政况,此两类人员均应由该管长官选任,有一定的任期;第二,咨询机关内政府代表之态度与意见,必须一致,在案件未决定前,可单独举行会议,以求得共同主张,不致开会时意见纷歧,至全体会议则不必举行太多,因咨询机关的任务,是行政方针之大体的决定,不是行政业务之具体的实施;第三,咨询机关应设置常任书记,以掌管记录、文书及通讯等事宜,此常任书记应为有给职,以重其责任,其他代表应为无给职,至多酌给交通费,以节省经费;第四,咨询机关应完全居顾问地位,不得有任何执行权力,以维持"行政权不得分割"之原则,倘使咨询机关而有执行权或行政权,则机能分割,必形成行政上系统紊乱的现象。

第二节 设计机关

一、设计机关的性质

设计机关,是担任筹划、研究、审查等工作,而并不实际执行的机关。

此项机关与咨询机关,固同为参谋机关之一种,但与咨询机关有别:咨询机关仅在提供意见,设计机关兼及拟订方案;咨询机关重在适合舆情,设计机关重在阐明真理;咨询机关侧重感情融通,设计机关兼重法规统制。又此项机关,对于该管长官,固含有赞襄的性质,但与辅助机关亦有别:辅助机关的活动,多为实际的工作,设计机关的活动,只是筹划与研究;辅助机关的活动,以长官的意旨为范畴,设计机关的活动,以客观的真理为依归;辅助机关的活动,在若干情况下,与实施机关发生直接关系,对之有相当的控制与监督之作用,设计机关的活动,在任何情况下,与实施机关不发生直接关系。如国民政府在抗战时期设立的中央设计局、现在我国台湾地区的"行政院设计委员会"及其他各行政机关之参事等均属之。

二、设计机关之设置的原因与任务

设计机关设置之原因,约有下列数端:第一,行政问题,性质复杂,专门业务人员多忙于实际工作,难为详细之研究;第二,专门业务人员实施业务,多限于局部智识,难为通盘之筹划;第三,行政机关拟订政策,多顾及本身利益,难为客观之决定;第四,行政机关日常工作,多迁就事实环境,难为远大之措施。基于上述原因,设计机关之任务,可得下列各项:1. 提供有关行政之正确与精密的材料;2. 拟定统筹全局的实施方案;3. 拟订不偏不倚的行政计划;4. 提供远大与高尚的理想与意见。

三、设计机关的组织与运用

设计机关的组织,除各机关之少数法定人员外,大率采取委员会制,设置于一机关之内,对附着机关之长官负责。此项机关之运用,亦须有严密的规定与限制:第一,设计机关的人员应具有专门智识及丰富经验;

第二,设计机关只是设计,不得有任何执行权力;第三,设计机关的人员不能过多,以免流于有名无实;第四,设计人员,应为无给职,至多酌给交通费,与咨询人员同。

《行政学概要》(三民书局1984年版)绪论及第一章

行政法概要(节选)

第一章 行政法的基本观念

第一节 行政的概念

一、行政的意义

欲知何谓"行政法",应先说明"行政"的意义。归纳现代学者通说,可得一概括的定义:"行政"是国家统治权所发生作用的一种,除法定不属于行政外,凡依法规所为补充办法之决定与运用,处理公务,以完成国家目的的行为,皆属之。依此定义,分析言之,今日所谓行政,实含有下列各意义:

(一)行政必属于国家

统治权为国家所专有,乃现代法学公认的原则。行政既为国家统治权所发生作用的一种,必属于国家,故任何私人或私人所组成的团体,不能有行政。在表面上,有许多私人或私人所组成的团体,似能作某种行政行为,但在实质上,此项行为,是由国家授权,仍属于国家,叫做"委任行政"。例如私有船舶的船长在该船舶内能作警察行为,私立学校能招收学生或授予学位,私有银行能代征租税等是。至于自治团体,乃是国家依据法律,授予一定的行政权,发生一定的行政作用,叫做"自治行政",成为国家行政总体的一部分。

(二) 行政的界限由法律规定

何者是行政,何者不是行政,全由法律规定。例如"考试",在欧美各国是行政,在我国台湾地区有"考试法"规定,是考试而不是行政,是其明证。所以行政界限的划分,全以现行法律规定为准。至于划分的是否适当,那是理论问题,在现行法未变更以前,应绝对遵守。

(三) 行政必须依据法规

行政法规多为原则规定,实际施行时,必须有种种补充办法之决定与运用,始能见诸事实。但此决定与运用,仍不能漫无限制,必须依据法规所定的原则而行,否则,重则陷于违法,其行为当然无效,轻则流于不当,其行为得撤销之。

(四) 行政必须是处理公务

行政是国家公权的行使,所处理的事务,必为公务。凡假借公权,处理私务,不仅违法犯罪,抑且根本上不得谓之行政。

(五) 行政必须以完成公益为目的

国家各项统治作用,固皆以增进公共利益为目的。但除行政外,其他统治作用,或为事前的设定,或为事后的监督,或为进行中的措施,或为行为上的纠正,其任务固各有专司,地位无分高低,不过负实际全面责任而完成国家统治作用者,则为行政。故行政的范围最广、运用最繁,完全是由于公益上的需要,倘无此需要,则行政根本无存在的可能,是为行政最高的目的。

二、行政的范围

行政范围至为广泛,且极错综复杂,应明白认定,以为运行的准则。兹略析述如下:

（一）广义的行政

国家统治作用，依"法治国"行使统治权的内容分类，只能大别为"立法"与"执行"两种，前者为制定法律，后者为执行法律。除制定法律的作用外，其余皆为执行法律的作用。此执行法律的作用，是为"广义的行政"。故广义的行政，范围颇为广阔，其内容不完全是行政，除去立法外，其他统治作用俱包括在内。故此广义的行政，实不足以说明行政的范围。

（二）狭义的行政

现代国家因行使统治权之目的不同，而异其制度，其最著者为三权分立制及五权分立制。在三权分立制下，除制定法律的立法外，更依执行法律的目的，分为司法与行政。司法为适用法规审判诉讼案件的作用，行政即除司法外为达国家其他目的的作用。此除司法外，为达国家其他目的的作用，是为"狭义的行政"。在五权分立制下，先将国家的权力分为"政权"与"治权"，政权属于人民，治权属于政府，复从治权中，分为行政、立法、司法、考试、监察五权，使其发生五个统治作用，再在五个统治作用中，除去立法、司法、考试、监察以后所剩余的部分，是为五权分立制下之狭义的行政。此狭义的行政，无论在三权分立或五权分立制下，均为行政范围的正轨，但不能包括所有行政的全部。

（三）实质上的行政

"实质上的行政"，系就国家统治作用的性质，说明行政的范围，其说明要点，侧重作用的实质，而不重机关的形式。扼要言之，即实质上的行政，乃国家统治作用中，除去属于纯粹立法与纯粹司法外，其他行于法律下之一切处理公务的作用，皆属之。因此，实质上的行政，除上述的狭义行政外，凡国家统治作用而有行政之实际性质者，俱包括在内。如立法机关的非立法事项，司法机关的处理非讼事件，考试机关的考选及铨叙公务员资格等事项，监察机关的派员调查全国各机关的档案册籍、审核政府所属全国各机关的决算及计算、监察预算之执行、核定收支命令及稽察关于财政之不法或失职行为等事项。凡上所述，论其性质，无一非行政作用，均可谓之实质上的行政。在理论上，应属于行政范围，但在实际运用上，仍各属于所属机关，形成形式上的立法、司法、考试、监察等，而不属于行政范围。至于上述的"委任行政"，则是显著的实质上的行政，属于行政范围，无可置疑。故实质上的行政，较狭义的行政范围为广。

（四）形式上的行政

形式上的行政，系就分掌国家作用之各机关的权限，说明行政的范围。其说明要点，侧重机关的形式，而不重作用的本质。扼要言之，即形式上的行政，乃属于国家各行政机关权限内的作用。现代国家行政机关，包含国家直属行政机关与自治团体二者，因现代国家行政，事务范围日广，除由国家自身的机关直接执行外，更就其事务的一部，依法委任于自治团体，认为其自己的事务而处理之。此时自治团体，虽非国家自身直属机关，但其所有的作用，导源于国家，亦为国家行政机关的一种。自治团体在法律上既有此地位，则凡属其事务而行的作用，不问其性质如何，于形式上皆得称为行政。故国家行政作用，就形式言，一部属于国家各直接行政机关的权限，一部又属于自治团体的权限。前者谓之"国家行政"，或称"国家直接行政"；后者谓之"自治行政"，或称"国家间接行政"。两者均为形式上的行政，其范围与狭义的行政相当，且极明确而具体，在实用上构成国家行政的两大系统。现代各国行政范围的划分，均以此为基础，再依法律规定，加入特定的实质上的行政，以确定实用行政的范围。

三、行政作用的种类

国家行政，既系为国家处理公务，完成国家统治目的的最大作用，则

作用的目的不一,种类自随之而异。兹依一般法规内容,分行政作用为下列两大类:

（一）国家目的的行政作用

凡以维持及发展国家自身的存在及其活动为目的者,是为国家目的的行政作用。国家为达此种目的,其行政作用,又可分为下列数项:

1. 组织行政

国家各种机关或自治团体,凡欲有所活动,必须具有一定的组织,所谓"组织体"。此种组织体的构成,除宪法明定属于最高及其他统治机关的权限外,其余均属于行政机关的权限,是为组织行政。行政机关所有依法设置机构,任免官吏及制定组织规程等均属之。

2. 外交行政

国家为维持国际地位、保护侨民利益、保障世界和平、增进人类幸福等目的,必须与列国相交涉,此项作用,是为外交行政。外交行政所依的规律,除部分属于国际法外,其余如外交行政机关的组织及其权能,多为国内法所规定,仍属于行政机关的权限。

3. 军事行政

国家为保持国际及国内的和平,必须有足以应用的兵力,此项兵力的征集与维持,是为军事行政。军事行政作用有两方面:一为管理作用,即对军队本身的管理与训练,与人民无直接关系;二为权力作用,即科取人民的役务,直接对人民行使权力,强制服从。我国台湾地区现制所谓"国防行政",即属于此。

4. 财务行政

国家为发展自身利益,经营各种事务,必须有充实的财力,此项财力的取得与运用,是为财务行政。财务行政的作用,亦有两方面:一为管理作用,即对财力本身为收入及支出的管理,与人民无直接关系;二为权力作用,即课征人民的租税,亦直接对人民行使权力,强制服从。

（二）社会目的的行政作用

凡以保护及增进在国内营社会生活之一般人民的公共利益为目的者,是为社会目的的行政作用。国家为达此种目的,其行政作用,亦可分为下列数项：

1. 治安行政

治安行政,系以维持社会公共的安宁秩序为目的。此项行政,现时最重要的是"警察"：国家为维持社会秩序,有时得对人民行使命令强制的权力,是为"警察权"。本于警察权行使的作用,为警察作用。警察作用,因依命令强制而行,故为国家统治权的作用,属于行政。其次是"法政"：国家为维持治安,就社会各人相互间之关系为法律的规定,并维持其法律,是为"法政权"。法政权的行使,包括民刑事诉讼事件与非民刑事诉讼事件两种,其作用,前者属于司法范围,仅后者之一部分属于行政权限。故法政作用,只有于某种限度内,为治安行政的一种。此外如"刑罚",固亦以禁止侵害社会法益为目的,但其作用,则全属司法范围,应于刑法及刑事诉讼法中论述之。

2. 福利行政

福利行政,或称"保育行政",系以增进社会福利及开发社会文化为目的。此项行政,现时最重要的是：各种公共事业(公企业)的经营、公营造物(公物)的管理及民间事业的保护及统制等。如交通、运输、农林、工商、水利、矿产、教育、文化、宗教、风俗等,无论其属于物质,抑属于精神,或由国家经营其不适于私人自由经营及私人不能举办的事业,或由国家保护奖励人民所能经营的事业,以开发社会文化,增进社会福利等均属之。国家所有此种作用,均为保育作用,保育作用的性质,与警察不同,不在权力的行使,而在事业的经营。故保育作用,不必为国家所独有，其他团体及私人，因国家的特许，亦得享有之。其中尤以自治团体，于国家认许的范围内，所能举办的事业颇多。

四、行政与法规的关系

现代行政是"法的作用"，而不是"人的作用"，一切须有法规的根据，方能发生其作用与效力，故行政与法规的关系，至为密切，已成为"行政上的基本法则"。择要言之，可有下列三项：

（一）行政是法规的执行

法规是设定人民权利义务之抽象的规律，在设定时尚未发生现实的效果，倘欲发生现时的效果，必须行政机关依照法规设定的内容付之执行。由此可见：1. 法规仅为一抽象的规律，不能自己生效；2. 行政行为必须依法执行。如人民服兵役及纳税的义务，本为兵役法及税法所规定，但法律规定时，并未发生现实的效果，必须行政机关依照法律的规定，命其服一定的役务，纳一定的金额，其真实义务始能实现。

（二）行政是法规的授权

法规对人民权利义务的规定，仅为规律作用的根据，至依此根据而实际执行时，则于一定范围内，授权行政机关为适当的处置，行政机关于授权范围内，得自由判断而定具体的方法，是为"行政上的自由裁量"。如警察机关根据法规，禁止人民不正当营业或停止其限制等行为时，法规仅为定其作用的根据，而于一定界限内，授处分权于警察机关。在此情形下，警察机关得于授权范围内，自由判断而定具体的办法。但此办法，并非行政上意外的创立，乃为法规所预定，换言之，即此创立之权，乃为法规所授予，与立法行为不同。

（三）行政受法规的限制

凡与人民的权利义务，无直接影响的行为，其行政作用，固以自由活动为原则。但法规是行政行为应守的准则,行政行为必须受法规一定的限制。如国家设立学校、建筑铁路、开辟航线等作用,与人民权利义务无直接关系,原可由行政机关自由活动。但现代国家的法规,对于此等作用,亦定有行政机关应遵循的准则,此时行政行为即须受其限制。盖行政作用,不能无法规定的根据而给与新权利,或科以新义务,必须于法规所限制之范围内而活动,始得为现代"法治国"合法正常的行政。

第二节　行政法的概念

一、行政法的意义

"行政法"是国内公法的一部,系规定行政权的组织及其作用之法。分析言之,有下列各含义:

（一）行政法是国内法

凡法律规定一国与他国外部之关系者,是"国际法";凡法律规定一国之内,国家、公共团体与人民,或人民与人民之关系者,是"国内法"。行政法是规定国家内部行政机关及公共团体的组织、权限及其与人民关系的法律,故行政法是国内法的一种。

（二）行政法是公法

凡法律规定公权利与公义务之关系者,是"公法";凡法律规定私权利与私义务之关系者,是"私法"。行政法是规定国家、公共团体、人民间公权利公义务关系的法律,故行政法又是公法的一种。

(三)行政法是关于行政权之法

现代立宪国家,多将国家统治权分为立法、司法、行政三种,是为"三权分立制";我国台湾地区于三权之外,又使"考试"、"监察"两权独立,是为"五权分立制"。"立法权"为制定法律的作用,其余则皆属行于法律之下:"司法权"为维持法律的作用,"考试权"为检定公务员资格的作用,"监察权"为纠劾公务员非法的作用。其行于法律之下,除去司法、考试、监察以外,为统治目的而为之作用者,则为"行政权"。"立法权"属于"立法机关",以"立法权"为其规定之对象者,是为"立法法",如"立法院组织法"、"中央法"规制定标准法等属之;"司法权"属于"司法机关",以司法权为其规定之对象者,是为"司法法",如"法院组织法""民法""刑法",各种诉讼法等属之;"考试权"属于考试机关,以考试权为其规定之对象者,是为"考试法",如"考试院组织法""考试法""典试法"等属之;"监察权"属于"监察机关",以监察权为其规定之对象者,是为"监察法",如"监察院组织法""监察法""审计法"等属之;"行政权"属于"行政机关",以行政权为其规定之对象者,则为"行政法",如各种"行政机关组织"法及一切"行政法规"等均属之。故行政法是以行政权为中心,为关于行政权之法。

(四)行政法是规定行政组织及行政作用之法

行政法内容包括"行政组织法"及"行政作用法"两大部分。行政组织法以规定行使行政权主体的组织及其权限为目的,质言之,即规定各种行政机关的构成及其行使的权限,此中包括政府行政组织及自治团体组织二者,是为行政上"体"的法则。行政作用法以规定行使行政权主体与其所属人民的关系为目的,质言之,即规定行政机关施行公务时,于何种情形下方能授予或限制人民的权利及课取人民的义务,是为行政上

"用"的法则。由此两种法则,以构成行政法的两大体系。至于"行政救济法",或称"行政争讼法",乃是行政法的补充法则,其内容除部分采用司法外,其余仍属于行政组织法及行政作用法范围,不能另立体系。

二、行政法的法源

行政法为含有行政法性质之多数法规汇集而成,无统一完整的法典。欲认识行政法的内容,以为解释运用的根据,必求之于法源。故行政法的法源,即行政法系由何种因素构成,以何种形式存在,而为行政措施时依据的法则。分析言之,可大别为三类。

（一）制定法

凡由国家或自治团体以文书制定者,为"制定法",或称"成文法"。此中得为行政法之法源者,有下列数种：

1. 根本法

通常是"宪法",在未有宪法时,为具有宪法效力的"约法"。根本法为规定国权的组织及其行使的最高法则,其涉及行政权部分,如关于行政机关的组织、权限及其发生的作用等规定,均为行政法的法源。

2. 普通法

指经立法机关通过,由国家元首公布的"法""律""条例"及"通则"而言。

3. 命令

指未经立法机关通过,径由国家元首发布,或由国家元首及法律委任各级行政机关发布的命令而言。此项命令,就机关等级而言,有中央政府令、省县市政府令及各级政府所属各行政机关令等;就性质形式言,有指挥命令、规则、规程、细则、办法等。各种命令,不问其形式如何,出自何种机关,只要其与行政作用有关,均为行政法的法源。不过行政机关的命令,必须依据法律的委任,或上级机关的命令而行,下级命令不得变更或抵触上级命令,更不得抵触法律。

4. 条约

指国家以法定行为,与外国缔结的国际条约而言。其内容凡与国内人民的权利义务有关系者,即具有国内法的效力,为行政法的法源。不过法规须经公布,始发生效力,为近代国家公认的原则,欲国际条约拘束国内人民,亦须经公布而后可。

5. 自治法规

于国家制定法外,自治团体根据其自治权,在其管辖区域内,亦得制定有效的法规,即所谓自治法规。由此可见,各种自治法规,在其自治区域内,均得为行政法的法源。不过各种自治法规,不得与国家根本法、普通法及上级机关命令相抵触,其抵触者无效。

(二) 习惯法

与制定法相反,凡不由国家或自治团体以文书制定,而仅以事实上的习惯,得有法之效力者,为"习惯法",或称"非制定法",又称"不成文法"。此类习惯法,如何取得法之效力,据一般学者通论及实际运用,必须具备几种条件:第一,须为法律无明文规定的事项,有明文规定者应从明文;第二,须就同一事项,反复为同一的行为而历久不变者;第三,须不违背公共秩序、善良风俗,并不抵触其他有关法规者;第四,须得国家概括的承认,而付与法律之同等效力者;第五,仅能为制定法的补充,而不能变更制定法者。凡符合上述条件,方能取得法之效力。兹依据上述标准,探求现代习惯法,可能取得法之效力,而为行政法之法源者,有下列三种:

1. 民间习惯法

民间相沿成习的事实,因发生社会的信心,继续不断施行,而得有法之效力者,为"民间习惯法"。此种习惯法,通常多为民商法的法源,因而及于行政法的领域,得为行政法的法源:其关于人民之权利者,如占用公共河川的水力,因多年不受国家禁止而取得之公物占用权是;其关于人民之义务者,如维持管理公路公水,人民须尽相当之义务是。

2. 行政先例法

行政机关所为实际事务的处理,以先例而尊重之,因而继续应用,得有法之效力者,为"行政先例法",亦称"行政习惯法"。此种习惯法之得为行政法的法源,与司法判例之得为司法法的法源,理由相同:因行政与司法,同为法律下所行之作用,司法法的作用,重在审判,而行政法的作用,重在行政事务的处理。故行政机关处理事务的先例,与司法机关审判案件的判例,同样重要。

3. 法院判例法

法院审判案件,对于案情相似,每多援例,下同一的判决,因而获得法之效力者,为"法院判例法"。此项判例法,原多见于司法机关,但近世行政裁判与司法裁判分立制度盛行。关于行政法上诉讼事件,属于行政法院审判,将来行政法院判例法既日渐增多,其价值自日趋重要,准诸普通法院判例法的先例,行政法院判例法,自为行政法的法源。

(三)法理

凡由于人类的共同意识或多数意识,认为人类生活所应当遵守的规范,如人世的正义观念,宇宙的自然法则,国家的立国主义,社会的生活规律等,具有支配人类心理的力量,而得有法之效力者,为"法理",或称"条理",又称"理法"。故法理乃法律的原理,在无制定法及习惯法时,得适用于意外发生的事项。盖社会现象繁杂万状,国家法律决难一一预为规定,一事发生,制定法既无规定,习惯法又无先例,只有依据法理,以求解决。我国台湾地区"民法"(第一条)规定:"民事法律所未规定者,依习惯；无习惯者,依法理。""行政诉讼法"(第二条第二项)规定:"损害赔偿准用民法之规定。"据此,法理为法律的法源,业经民法明定,行政法准用此项规定,已无疑义。不过所谓法理,须有正确的认识与客观的理论而后可,倘臆存偏见,曲解法律,借引用法理之名,行破坏法纪之事,则失去法理的价值,而为法律所不许。

三、行政法的效力

行政法的效力,与民刑等法同,有下列三种。

(一) 时的效力

即一般所谓"时效",有三大原则:

1. 法律不溯既往的原则

行政法规仅适用于未来发生的事实,对于行政法规未公布前发生的事实,不能适用。但此原则,仅为法规适用的原则,而非法规制定的原则,倘立法者制定新行政法规,而授以溯及的效力,则适用该项法规者,自应遵照规定,有溯及的效力,如"公务员惩戒法""惩治汉奸条例"等,俱明定有溯及的效力,即其明例。

2. 后法废止前法的原则

即新法变更旧法的原则,换言之,即后法成立时,前法当然失效的原则,如新判例可以推翻旧判例,即系据此原则而得有法的效力。不过行政机关以上下相维、层层节制、下级须服从上级的命令,为其特色。故在下级机关对于上级机关之特殊隶属关系上,纵令下级机关颁发命令在后,亦无废止上级机关所颁命令的效力。

3. 法条到达时间的原则

在理论上,法律命令一经公布,即应具有拘束机关及人民的效力；但在实际上,法律命令虽经公布,机关及人民,以交通距离等关系,未必周知,即时发生效力,殊有未妥。故现代各国各地区通例,除法律明定自公布日施行,或另定施行时间外,类以法条到达时间,为发生效力的时间。我国台湾地区法律施行日期条例之规定亦同。

(二) 地的效力

行政法规自以普遍适用于全国各地为原则,但有下列特别规定:

1. 管辖区域

有区域性的行政机关及自治团体所公布的法规,仅能适用于其管辖区域,而无拘束区域以外的效力。

2. 特别地区

凡行政法规,明定仅适用于国家领土内某特别地区者,则对于其他地区不生效力。

3. 特别法域

特别法域,即有某地区,以特别重大原因,不能适用本国普通法,另有专为该地区制定的法规,以资适用之谓。如我国的蒙、藏是。因特别地区的政治社会组织及经济状况等,均与普通地区不同,如将普通法规强为适用,则有扞格不通之患,而失去行政的意义,故应认其为特别法域,另定法规以适用之。

(三) 人的效力

国家的行政法规,对于本国人,不问其在国内或国外,均有拘束的效力。至于外国人,倘系侨居本国,则除某一行政法规,明白规定不适用于外国人,或依国际惯例,不适用于外国侨民者外,其余则均以适用本国行政法规为原则,而有拘束的效力。

四、行政法的法律关系

行政法的法律关系,为关于行政上权利义务的说明,是行政法的根本问题,至为重要,析述如下。

(一)行政法关系的意义

人类社会生活关系中之权利义务关系,为法律所规律的,叫做"法律关系"。法律有公法与私法之分,法律关系随之有公法关系与私法关系之别。由公法所规律的权利义务关系,为"公法关系";由私法所规律的权利义务关系,为"私法关系"。行政法是公法的一种,凡公法关系中的权利义务,为行政法所规律的,则为"行政法的法律关系",或称"行政上的法律关系",简称"行政法关系"。行政法关系,既为公法关系的一种,则关于一般公法关系的原则,行政法类能适用,而成为行政法关系的原则。

(二)行政法关系的特征

依一般学者意见,有下列数项:

1. 行政法关系为具有权利义务的相对性

在私法关系上,权利与义务,为对立的性质,一方享有权利,他方即负有义务,其权利纯粹是权利,其义务纯粹是义务,是为绝对的关系,如债权债务关系是。在行政法关系上,权利与义务,为相对的性质,权利中含有义务,义务中含有权利,其权利未必纯为权利主体的利益,其义务亦未必纯为对方的损失,是为相对的关系。因行政法是公法,乃规律团体与其构成分子的关系,而团体与其构成分子的权利与义务,事实上相互沟通,不能绝对分开。如国家的警察权,表面是国家的权利,实际也是国家的义务;如人民的服官权,表面是人民的权利,实际也是人民的义务;此外,如国家的财政权、军政权、执行司法及行政的义务等,人民的自由权、参政权、保护公物及当兵的义务等,均为相对的关系。行政法上的权利义务,既具有相对性的特征,与私法上的权利义务,异其法律上的性质,而得有两大原则:一为"不能移转",私法上的权利义务,不注重其归属的主体,原则上可以移转;行政法上的权利义务,则注重其归属的主体,必须属于主体,始能合于公益,除在不妨害同一性场合下,或为法律所认许者外,原则上不能移转。二为"不能抛弃",私法上除义务不能抛弃外,权利系为当事人自身的利益而存在,或留或弃,均无不可,行政法上的权利义务,既不能断然分开,与公益有关,原则上均不能抛弃。

2. 行政法关系为具有国家意思的先定力

在行政法关系上,国家机关的意思行为,对于该法律关系,有先定的效力,相对人不能自行否认其效力,此亦公法关系与私法关系区别要点之一。因在私法关系上,两方当事人有对等的意思力,其争执必待民事裁判而确定;在公法关系上,国家可确定于先,人民不能不首先服从之,事后仅能以行政争讼方法再图救济而已。

3. 行政法关系为具有国家意思的强制力

在私法关系上,私人对私人的权利,于其违反义务或不履行义务时,除提起民事诉讼,请求国家依法保护外,别无他途;在行政法关系上,国家对人民的权利,则具有强制力,如人民违反义务时,国家得以强制力施行制裁,如人民不履行义务时,国家得以强制力强制执行。

4. 行政法关系争讼方式的特异

私法关系的争讼,概得提起民事诉讼,请求有管辖权的普通法院裁判;行政法关系的争讼则不然,人民如因行政机关的违法或不当处分,以致损害其权利或利益时,仅得向其上级机关提起诉愿,再诉愿,经裁决不服,而其内容系属于违法及损害权利者,始得再向行政法院提起行政诉讼。故就行政法关系的争讼方式言,亦与私法关系的争讼方式不同。

(三)行政法关系的当事人

行政法关系的当事人,就是在行政法上有"法律人格者",也就是在行政法上有权利义务能力者。任何法律关系的发生,必有两个以上人格者的存在,以为其中权利义务的当事人。行政法关系,为法律关系的一种,自亦如此。而行政法又为公法,故凡在公法上有人格者,能为公法关系的当事人,即得为行政法关系的当事人。今日法律观念,在公法上有人格者,为团体与个人。团体有法律上的人格者,叫做"法人";有公法上的人格者,即依公法而设立的,叫做"公法人",如国家及自治团体是;有私法上的人格者,即依私法而设立的,叫做"私法人",如各种私营企业公司及私人组合是。不论公法人或私法人,自其成立,即有公法能力。个人是"自然人",依法律规定,在合法条件下,亦有公法能力,因此,行政法关系的当事人,有下列各项:

1. 国家

国家是公法上最主要的团体,行政法是公法,行政法关系是国家与其所属人民的关系,故国家是行政法上最重要的当事人。国家的行为,均由主管的行政机关代表,如征兵机关与服兵役者的关系,征税机关与纳税者的关系是。

2. 公共团体

公共团体是为完成国家目的而存在的团体,由国家赋予相当权力,并特许在其权力范围内,为种种的措施,如各种自治团体是。此种团体,于其存在目的的界限内,上对国家,下对所属人民或会员,均发生法律关系,此种法律关系,多为行政法关系,故公共团体亦为行政关系的当事人。

3. 自然人

国家的行政行为,常以自然人为其对象,是自然人为行政法关系的当事人,至为显著。不过行政法上自然人的权利能力及行为能力,与民法上的规定不同:民法上自然人的权利能力,始自出生,终于死亡,任何人没有差别；行政法上自然人的权利能力，因年龄、籍贯、受刑罚的结果等，而有歧异。民法上无行为能力人的行为，绝对无效，限制行为能力人的行为，则应得法定代理人的同意，始生效力；行政法上无行为能力人的行为无效，限制行为能力人的行为，则无论已否得法定代理人的同意，均为有效。此外，凡具有法定资格的自然人，于国家授予公权场合下，并得为行政法关系的主体，能为一定的行政行为，所谓"委任行政"是。

4. 私法人

私法人与自然人，同为私法关系的当事人。现在自然人既为行政法关系的当事人，私法人自不能除外。不过私法人为性质所限，凡以精神及肉体为要素的权利义务，私法人不得享有或不必负担，如私法人无参政权及不负担兵役义务等是。私法人于国家授予公权场合下，亦得为行政法关系的主体，而为"委任行政"。

（四）行政法关系的内容

法律关系的内容，就是权利与义务。公法关系的内容，是"公权利"与"公义务"；私法关系的内容，是"私权利"与"私义务"。行政法关系，是公法关系，其内容自然是"公权利"与"公义务"。但行政法关系是公法关系的一种，其内容在行政上，自有一定的范围，分述如下：

1. 公权

公权利简称"公权"，是公法上的权利，乃权利的一种。欲了解公权的内容，应先说明"权利"的意义。"权利"是依法律认许得对他方主张利益之意思力之谓。因此，权利是以意思力为实质，以利益为目的，以对他方主张利益为手段，以法律认许为限制，四种条件具备，则权利成立。反之，无意思，则法律关系无由发生；无利益，则不得为权利；不对他方主张利益，则无权利的客体；不以法律认许为限制，则权利无一定的范围，不得为正当合法的权利，结果与无权利同。由此可见，四种条件缺一，则权利无由存在。惟此所谓权利,当然除天然权利而言,如"无行为能力人"的天然权利,固不因无意思力而丧失是。"公权"既为权利的一种,除自然人固有的天然权利外,自应具有上述的性质。故在公法上,无论国家对于个人而有的权利,或个人对于国家而有的权利,以及公共团体上对国家下对个人而有的权利,只要具备上述条件,其为公权则一。不过国家的公权,是基于统治权的权利,个人的公权,是对于统治权的权利;公共团体的公权,则具有双重性质的权利;数者意义不同。因此公权的内容,依其附着的主体,又可分为国家的公权、人民的公权与公共团体的公权三种。

(1) 国家的公权。国家所有的公权,本包含对外国所有的公权与对国内人民及团体所有的公权。但前者属国际法范围,而行政法是国内法,所欲研究者,乃基于国家统治权对国内人民及团体所享有的公权而言。故在行政法上,国家的公权,略可分为下列数项:

① 形成权。"形成权"是设定、变更或消灭法律关系或法律上能力的权利,如公共团体的设立或撤销,公务人员的任用或罢免是。形成权的结果,在于形成某种法律上的效力。

② 强制权。"强制权"是以强力拘束或控制相对人的身体或财产的权利,如逮捕、拘禁、搜索住宅、扣押财产或处分物件等是。强制权的结果,相对人负有容忍的义务,不得抵抗。

③ 下命权。"下命权"是对特定人民要求其作为或不作为的权利,如征兵、纳税及征收规费等是。下命权的结果,相对人负有遵守的义务,违反或不履行其义务时,应受制裁或强制执行。

④ 公物权。"公物权"是固定存在于特定有体物,且得以对抗世人之公法上的权利,如国家在领海及河川上所有的权利是。物权本发达于私法中,现代公法中亦认有之。其内容,专为私法所支配者,为私法上的

物权；专为公法所支配者，为公法上的物权；一部分为私法所支配，一部分为公法所支配者，为公私法性质混合的物权。公法上的物权，或因财政权之效果而生，如作租税担保而认有之留置权是；或为军政措施及公共利益之认有而生，如道路与其他公物管理权及公用地役权是。

（2）人民的公权。人民的公权系由人民在公生活上所处的地位而生依地位的不同分为下列三项：

① 自由权。"自由权"是人民天然的权利，人民无需积极作为，即可享有，故又称为"消极的公权"。国家对于人民自由权，负有保障的义务。国家行政机关对于此等自由权，仅能依法律所定，在防止妨碍他人自由，避免紧急危难，维持社会秩序，或增进公共利益等必要情形之下，加以限制，否则，不得违法而侵害之。故自由权的内容，实为对于国家违法侵害的制止，或非法权限的否认，与其他权利显有重要不同之点，应特别重视。现代各国宪法，对于人民自由权，多为列举的规定，即因自由权性质特殊，以示尊重与保障之意。自由权种类甚多，宪法固不能列举无遗，其未为宪法所列举者，依现代一般公法学者的意见，多认为人民所有的自由，殊不以宪法中所明定者为限，因宪法中关于人民自由的规定，或出于历史上的沿袭，或仅就易受国家压制的事项，特为明文规定，以示范畴。至于其他的自由，凡不妨害社会秩序及公共利益者，均应视为当然的权利，固无待宪法明文规定，亦应受尊重与保障，国家行政机关，非依法律，不得擅自侵害。

② 请求权。"请求权"是人民为自己利益，以积极行为，请求国家为某种行为或给付的权利。此时，请求人以由国家获得某种积极的利益为目的，国家则以积极地给与请求人利益为内容，故又称之为"积极的公权"，或称"受益权"。请求权种类甚多，可分为"对于司法机关的请求权"与"对于行政机关的请求权"两大类。对于司法机关的权利：一为

"起诉权",即请求审判的权利。此项权利,在普通法院与行政法院分立的国家,又可分为"司法诉讼权"与"行政诉讼权"两种,前者为私权争讼时所行使,属于私法范围,由普通法院管辖;后者为人民权利被官署违法处分侵害时所行使,属于行政法范围,由行政法院管辖。二为"请求强制执行权",即请求国家对于当事人所负义务,于其不履行时,以实力强制执行的权利。此项权利对普通法院及行政法院均能主张之。三为"请求公证及登记权",即人民在某种场合下,有法律上的需要,请求国家证明或登记的权利。此项权利,依法律规定,对管辖法院主张之。对于行政机关的权利:一为"请愿权",系为个人或公共利益,请求原机关或上级机关改废现制度,设立新制度,撤销既为的行为及为未为的行为的权利,国家对于人民的请愿,只有受理的义务。二为"诉愿权",系个人的权利或利益受违法或不当处分侵害时,请求原处分机关的直接上级机关,以监督权的作用,而为撤销或变更的权利,国家对于人民的诉愿,不仅受理,且有作一定裁决的义务。三为"营造物利用权",如入公立学校求学的权利,入公立医院就诊的权利是。四为"公物使用权",如公有山林的采伐权,公有水道的灌溉权是。五为"特许企业权",如请求开矿,经营自来水电灯厂等权利是。六为"公法上的金钱请求权",如公务员领取俸给,受恤人领取恤金等权利是。七为"公法上的荣誉权",如获得学校学位,接受国家勋章等权利是。

③ 参政权。"参政权"是人民以国家一分子的资格,主动的参加国家统治权之行使的权利,故又称为"主动的公权"。参政权的内容性质,亦不一致,大别之可有两类:一为国民由其公民资格在法律上当然享有的参政权,如选举权、罢免权、创制权、复决权等是。此类参政权,凡有一定资格的人,均得依据法律,积极主张自己的权利,参加国家统治权的行使。二为国民由特别选任行为始能充任公职的参政权,如应试权、服官

权等是。此类参政权,人民不能因为自己有充任公职之权,而要求国家必须选任自己充任公职,只有于国家选任之后,始能充任公职,参加国家统治权的行使。

(3) 公共团体的公权。公共团体,一面与国家同,为以施行公务为目的的团体,而居于行政主体的地位;一面与一般私人同,须服从国家统治权的支配,有与人民相似的地位。故谓公共团体的公权,为具有双重性质的权利。其内容依其所属地位不同,而分为下列两项。

① 与人民关系的公权。公共团体,对于所属人民或会员,在某种范围内,享有国家的公权,所谓"国家授予的公权"与国家固有的公权相类似。但其权利能力的范围,为法律所规定,且有若干权利,不能为公共团体所享有,如法政权、军政权、警察权等,为国家所专属,公共团体不得享有之。通常认为公共团体的权利,以组织权、财政权、公物权及公企业权为主要,此外,以或种团体为限,在某种范围内,尚有自治立法权。人民对于公共团体,在某种范围内,亦有不受团体权力侵害的自由,请求团体行为及参与团体公务的权利,与对于国家的权利同。

② 与国家或上级团体关系的公权。公共团体,对于国家或上级团体,有与一般私人类似的权利:一,有某种程度的自由权,即于法定范围内,得不受国家或上级团体的支配,而纯以自己的意思,处理其一定的事务;二,有请求国家行为权,如就私法上或公法上的法律关系,与个人或他法人有所争执时,得向法院请求为民事或行政诉讼的审判;三,有特定的参政权,以参与国家及上级团体的组织,如省民意机关得选举监察委员,而参加国家最高监察机关的组织,县农会得为省农会的会员,而参加其上级团体的组织是。

2. 公义务

法律关系,是权利义务关系,一方享有权利,他方必负有义务。权利与义务,乃对待的名词。私法关系如此,公法关系亦然。国家、公共团体及人民,在公法关系上,既各享有一定的权利,自亦负有相当的义务。因之,公义务之所属,与公权同,亦可依其主体,分为国家的义务、人民的义务与公共团体的义务三种:

(1) 国家的义务。国家的义务,本包括对外国所负国际法上的义务,与对国内人民及公共团体所负国内法上的义务两种。不过前者属国际法范围,兹不具论,现所欲说明者,仍为第二种。国家在国内法上对于人民及公共团体所负的义务,有执行司法与执行行政的义务。详言之,即对于自由权,有不作为及不得违法侵害的义务;对于请求权,有受理及作为的义务;对于参政权,有承认其权利及使之实现的义务。凡执行国家司法及行政的人员,违反上述义务,而侵害人民权利时,除依法受惩戒处分外,尚负有民事或刑事责任,被害人并得请求国家赔偿其所受的损害,依据法律审判后,请求人果受损害,国家负有赔偿的义务。

(2) 人民的义务。人民在公法上所负的义务,有两方面:

① 对于国家的义务。人民对于国家法律规定或依法执行职权的行为,有服从的义务。详言之,又可分为两种:一为属于一般统治关系的,有"一般的服从义务"。如对于形成权,有遵从国家权限或参加设定关系的义务,如遵守规章,参政等义务是;对于强制权,有忍受或不抵抗的义务,如服从逮捕拘禁等义务是;对于下命权,有遵守或履行的义务,如纳税、当兵等义务是;对于公物权,有不可侵或物上负担的义务,如保护公物、附负担利用公物等义务是。二为属于特别权力关系的,有"特别的服从义务",如公务人员依公务人员服务法,现役军人依兵役法,均对国家有特别服从的义务。凡负有义务的人民,如有不履行或违反义务时,国家均得依法制裁之。

② 对于公共团体的义务。人民对于公共团体的义务,依公共团体对于所属人民享有的公权而定。公共团体对于所属人民享有某项权利,人民对之即负有某项义务;反之,公共团体不能享有的权利,人民即不负有对待的义务,如公共团体不能享有军政权,人民对之即不负有服兵役的义务是。故人民对于公共团体的义务,有两大限制:一为隶属关系,以其所隶属的团体为限;二为法律关系,以有与义务相对待的权利为限。此为人民对于国家及对于公共团体的义务,最大差别之点。除此以外,均可准照对于国家的义务相类推。

③ 公共团体的义务。公共团体,上对国家,下对所属人民,既具有双重性质的法律关系,则其义务,自亦具有两方面的性质。惟公共团体为一法人,凡以精神及肉体为要素的权利义务,公共团体不能享有或不能负担,如服兵役义务是。故公共团体的义务,上对国家,不能完全同于自然人。再公共团体的职务,为办理公共福利或自治事项,其权力多依据国家法令的授予,而完成其一定的任务,有明确的范围。故公共团体的义务,下对所属人民,又不能完全同于国家。总之,公共团体的义务,虽具有国家及人民两方面的性质,但范围较狭,是其特点。

(五) 行政法关系的变动

行政法关系的变动,即行政法中公权与公义务的发生、消灭及变更。兹分述如下:

1. 行政法关系的发生

行政法关系的发生,乃行政法上公法关系,与新关系主体相结合之谓。此种关系的发生,可分为下列两种:

(1) 原始的发生。"原始的发生",系由初成立的公法关系而发生,如因新任命而取得公务员身份,因满足法定年龄而服兵役等是。

(2) 继受的发生。"继受的发生",系基于他人旧有的公法关系而发生。此种继受的发生，实为公法关系的变更，另于"行政法关系主观的变更"中说明之。

2. 行政法关系的消灭

行政法关系的消灭，乃行政法上公法关系，与其主体相分离之谓。此种关系的消灭，亦可分为下列两种：

（1）绝对的消灭。"绝对的消灭"，是公法关系本身根本的消灭，如出于自然事实的主体死亡、标的物消失，出于法律行为的剥夺公权、免除义务等是。

（2）相对的消灭。"相对的消灭"，是公法关系与其原来的主体相分离，其原来的权利义务，并未根本消灭，不过转换其主体而已。此种"相对的消灭"，实则仍为公法关系的变更，亦于"行政法关系主观的变更"中说明之。

3. 行政法关系的变更

行政法关系的变更，乃行政法上公法关系的内容，不失同一性，而仅变更其形态之谓。此种关系的变更，亦可分为下列两种：

（1）客观的变更。"客观的变更"，是权利义务客体的变更，复可分为两项：

① 数量的变更。此为表面上数量的变更，而内容并不失去同一性。如国家对于个人应纳税额一部分的减免及对罪人的减刑是。

② 性质的变更。此仅为表面上性质的变更，而内容仍不失去同一性。如命个人以拆除房屋的义务，于其不履行时，乃为代执行，而向义务人征收所需的费用是。

（2）主观的变更。"主观的变更"，是权利义务主体的变更，上述"继受的发生"及"相对的消灭"，均属之。此种变更，实为"公法关系的移转"。公法关系本以不得移转为原则，因公法关系每以主体为构成要素之一，主体变更，其关系将失去同一性；如自由权不得移让他人，参政权不得由他人代为行使，即系以不失同一性为主要理由。但在所有公法关系中，并非完全具有此种理由，因若干公法关系的内容，亦有以金钱给付为标的，或其他财产价格为主要性质者，此种权利义务，犹之私法上的权利义务。即使其主体变更，亦不致失去同一性。因之，在实际运用上，公法关系固以不得移转为原则，但在不妨害同一性的场合下，或为法律所认许的情形下，亦得为例外的适用。其最常见者为继承等是，如缴纳租税及延纳处分费的义务，得移转于他人等皆属之。

《行政法概要》（三民书局 1977 年版）第一章

比较宪法（节选）

第一章 绪论

第一节 宪法观念的起源与发展

近代国家,除极少数特殊情形或于政权变革最短期间外,莫不有宪法的存在,以为其立国的基本法则。但宪法观念起于何时?如何发展始成为近代普遍的制度?实为治宪法学者,首应了解的问题。

宪法观念,因时代先后及国家文化而有区别:就时代言,时期愈早,宪法观念愈为简单,或且根本无有,时期愈晚,愈为复杂,甚至纷歧变质;就文化言,凡政治思想,侧重人治或德治者,宪法观念较为抽象,侧重民治或法治者,较为具体。所以宪法观念,与民治或法治思想,关系最为密切,民治或法治思想愈盛,宪法观念愈为发达而健全。

中国古代政治思想,侧重人治或德治,兼采礼治或法治,宪法观念,不能说是完全没有,但极简单抽象,无具体表现。例如《尚书·说命》"监于先王成宪,其永无愆";《晋书》"稽古宪章,大厘制度";《唐书》"永垂宪则,贻范后世";凡此所谓宪、宪章及宪则,均含有久远莫违及根本典则之意,似略具宪法观念,然皆空洞之论,既无形式制定,复无实体法典。此外,《国语》"赏善罚奸,国之宪法",此虽明用宪法一词,但按其意义,实指普通法律而言。至于唐之六典,明清之会典,虽规定国家各重要机关的组织与职掌,略具成文法典形式,但与当时普通法律,如各朝刑律等,俱由臣僚草拟,由君主裁可颁布,制定手续相同,效力相等;且有若干重要事项,如人民权利及君主继承等,均未列入;论其性质,仅与近世普通行政法规相当,亦未可以宪法或根本组织法目之。由此可见,中国古代所谓宪、宪章、宪则、宪法等词的意义,以及历朝会典的性质,均与一般的宪法观念不同,至多只能说是略具简单的或抽象的宪法意识而已,而未可语于真正宪法观念的起源。直至清末,因受西方政治思潮的影响,接受西方政治理论,产生立宪运动,始有具体的宪法观念可言。故欲述及宪法观念的起源与发展,只有求之于西方的历史。

西方的宪法观念,依据可靠的史实与典籍,以古代希腊、罗马的根本组织法观念为最早,以后则逐渐发展;从发展的内容说,由理论而成为实体,由实质而进于形式;从发展的地域说,由欧洲而扩及美洲,由西方而传至东方;举世风靡,与时并进。每一时代的发展,均有其思想的中心与进步的内容,兹略析述如次。

一、古代希腊、罗马的根本组织法观念

古代希腊,自西元前一千年顷,希腊人完全占领希腊半岛及全部爱琴区域起,至西元前三三八年马其顿王菲力浦(Philip of Macedon)征服希腊止,希腊人以承袭爱琴文化,农工商业发达,人民生活自由等原因,政治组织,始终保持城市国家(City State)的形态,大小共一百数十国,其中以雅典(Athens)与斯巴达(Sparta)最为重要,每国均以一城及其附郭之地为领土,各自独立,采行相当高度的民治主义及相当完备的法律制

度。希腊哲人亚里士多德(Aristotle, 384—322 B.C.)曾搜集一百五十八国的法律,加以比较研究,就其作用与性质,分为两大类:一为普通法律,另一关系国家根本组织者为宪法,写成《关于雅典宪法》(On the Constitution of Athens)一书。亚氏又在其名著《政治论》(Politics)中,明白主张法律应以宪法为根据。复次,亚氏在上述两书中,讨论国家机构时,尝将"政府"(Government)与"宪法"(Constitution)两字通用,俱指组织而言。凡此均为亚氏认宪法为国家根本组织之法,和普通法律有别,与后世的宪法观念颇为接近。① 因之,西方治宪法史者,虽未完全确认亚氏理论为宪法观念的起源,但以亚氏为最先阐明宪法观念的导师,则为普遍一致的意见。

古代罗马,自西元前五〇九年建立共和国起,至西元后四七六年西罗马帝国灭亡止,前后产生两种不同的政治制度,前半期采行共和,后半期采行帝政。帝政时代,君主独裁,仅对民事法有特殊贡献,如制定罗马法典是;关于宪法观念,可称述者为共和时代。罗马人于建立共和之初,颇能吸收希腊文化,民治相当发达,不设国王,每年由平民选举贵族二人为执政官(Consuls),处理行政;并由贵族组织元老院(Senate),以决定国家大事,必要时由元老院将执政官的职权停止,另推一人为行政长官(Magistrate),主持一切;未几,更由平民选举护民官(Tribune)二人,监察政府,保障平民的基本权利。因之,罗马人对于国家根本组织的法律,颇为重视。其最显著者:普通的法律,行政长官可独自运用,但涉及国家根本组织法者,则必须征得护民官的同意,始能变更。据此,是罗马人在共和时代的宪法观念,仍以根本组织法为中心,在实际运用上,较之希腊时代,似更趋于明朗与具体。

---

① 参阅王世杰先生著《比较宪法》,增订第四版,上册第十三页。

依据上述，可见西方的宪法观念，起源甚早，在古希腊、罗马时代，因民治发达，即已启其端绪；且相当具体，以国家根本组织法为中心，使其效力高于普通法律，以保障人民权利，其用意甚为明显。不过吾人尚须认识者，此时的观念，多就法律的效力而言，关于法律的制定，则甚少论及。因为在希腊时代，一切法律均由全体公民所组成之公民大会（Apella）所制定，形式相同，所谓根本组织法与普通法的区划，只是亚里士多德个人的见解，而不是法律的规定；在罗马共和时代，虽然有区域性的法律由分区公民大会（Comitia Populi Tributa）制定，有全国性的法律由最高公民大会（Comitia Curiata）制定，但所有法律，在形式上并无主从之分，何种法律可由行政长官独自运用，何种法律须得护民官的同意始能变更，均无客观标准可资鉴别。所以希腊、罗马的根本组织法观念，只是从法律的实质立论，并未涉及制定问题，倘欲与后世的宪法观念相较，可谓与英国的不成文宪法观念颇为近似。

二、欧洲中世纪的根本法观念

欧洲中世纪（约自西罗马帝国灭亡后，至十六世纪宗教革命止），因罗马帝国崩溃，政治组织解体，教会势力兴起，社会秩序发生极大的变化，各地有特殊身份的贵族，占有大量的土地、农民或农奴，建立庄园，成为领主，同时，教会或地方城市团体，亦享有领土，各据一方，形成封建制度（Feudalism），史称封建时代。在此时代内，贵族、教会或地方城市团体，在名义上，固受君主的分封或统属；但在实际上，则各有自己的立场与目的，时有利害冲突。因此，贵族、僧侣等，为保持自己的利益，常联合向君主抗争，以限制君主的权力，君主在无可如何下，亦往往以特别法律承认抗争者之特权。此项法律遂成为保障特权阶级的根本法，在中世纪时期内,曾不断发生,且不断扩展,其最显著者,可以英国的《大宪章》(Magna Carta; Great Charter)及法国的国法(Lois du Royaume)为例。

英国在十三世纪初期,国王约翰(John, 1199—1216)因对法战争失败后,国用不足,欲向地主增加租税,乃于一二一三年命各县选送武士(Knight)四人,代表地主,出席大会议(Magnum),引起贵族及僧侣等的反抗,结果,约翰被迫于一二一五年颁布英国宪政史上有名的《大宪章》,承认贵族的参政权,规定国王不得任意征税,不得非法拘捕人民,并规定由贵族中选出二十五人维护《大宪章》认可的权利与和平。故就形式言,《大宪章》固非全民制宪机关所制定,不能与近代宪法相提并论,即就实质言,《大宪章》亦非国王与平民协定的约章,且非保护一般人民的权利,只是国王与贵族及僧侣等协定的约章,保护贵族等的特权,也不能与近代宪法等量齐观。不过《大宪章》在世界宪政史上,却建立一基本原则,即国王亦须遵守法律,否则,人民亦可依法强制其服从,实为后世宪法观念,树一典范。

法国在十三世纪末叶,国王菲力浦四世(Philip IV, 1285—1314)时期,因与教皇发生冲突,遂召集贵族、僧侣、平民各推代表若干人,组成等级会议(Etats Generaux; General Estates),共议国政,以图对抗。此项会议的组织与权力,固未能与后世代议制的议会或制宪团体相比,但为团结各阶级的力量及确定国王的权力,将法律分为王法(Lois du Roi)与国法两种:王法为普通的法律,国王可自行变更或废止;国法为基本的法律,当时称为"根本法"(Lois Fondamentales)或"宪法"(Lois Constitutionnelles),国王不得自行变更或废止,倘欲加以变更或废止,则必须取得等级会议的同意。此种根本法观念,固仍以阶级为基础,而非以全民为对象,还是属于特别法律的一种;不过较之英国《大宪章》颁布时的代表基础及适用范围,均已扩大,显与近代的宪法观念逐渐接近。

依上述两例,可见欧洲中世纪,因盛行封建政治,贵族力量强大,所谓根本法观念,是以限制君权保障特权为中心,一方面具有历史背景的特质,同时也具有时代进步的形式,承先启后,逐渐发展,而为近代宪法观念的先导。

三、自欧洲宗教革命至美法革命前夕的约法观念

欧洲中世纪末期,因社会经济进步,民族统一国家形成,君权政治兴起等新事实的发生,均与罗马教会传统的思想及权力不相容,再加以教会本身腐败,专横敛财,遂激起宗教革命。革命发生后,新教纷起①,旧教挣扎②,新旧思想复杂,更引起政治纷争,国际则大战频仍,国内则君民冲突,全欧秩序动摇。于是一般实际革新者及政治思想家,为改造现状及发扬民权,对于当时根本法上之人民与国家或政府间的关系问题,多以自然法及契约为论据,乃相继产生许多新的约章与观念,可谓为约法观念。此项观念,自宗教革命起,至美法革命前夕止,无论在实际上或理论上,均有重要的表现,以促成近代宪法观念的

---

① 主要者有三:一为路德教派,由日耳曼人马丁·路德(Martin Luther, 1483—1546)创立,反对教皇发售赦罪券,主张任何人均可从《圣经》中直接得到指示,盛行于日耳曼北部及丹麦、挪威、瑞典诸国;二为加尔文教派,由法人加尔文(John Calvin, 1509—1564)创立于瑞士,反对罗马教会一尊的地位,为中产阶级所信仰,在欧洲传布甚广,苏格兰及荷兰且以之为国教;三为英格兰教派,由英王亨利八世(1509—1547)领导,脱离罗马教皇,另组英吉利教会,以国王掌握教权,将教会置于王权之下。

② 新教既发展迅速,旧教遂开始作重大改革。在此改革运动中,其成就最大者,当推耶稣会(Society of Jesus)。该会由西班牙人罗亚拉(Ignatius of Loyola)所创立,会中教士均为品学皆优及热心传教之人,旧教由其拥护,复趋稳定。彼等不仅在欧洲努力传教,更不避艰险,远涉重洋,向海外发展,其足迹所至,西及美洲,东达印度、日本及中国,将西学传播于东方,将东方文物带回欧洲,促成东西文化的交流。

发展。

此一时期的约法观念,在实际上之最显著者,有下列数例。

(一) 英国清教徒的《五月花公约》(Mayflower Pact)

一六二〇年十一月,英国清教徒百余人,因不堪英王詹姆斯一世(James I,1603—1625)的虐待,乘五月花船(The Mayflower),赴北美洲的纽普里穆斯(New Plymouth),以期获得信教自由及建立新国家。此百余人于赴美途中,仿效教社的教约(Covenant)[①],起草公约,称为《五月花公约》,以为抵美后建国的约法。此约法曾经全体署名,形式完整,故今人尝有认此为近代成文宪法的远源。不过此约法条文简单,尚不能与后世完备的成文宪法相比,只能说是大纲或原则。

(二) 英国一六二八年的《权利请愿书》(The Petition of Right)

英王查理一世(Charles I,1625—1649)继詹姆斯一世之后,继续抱持神权思想,施行绝对王政,任意增加租税,与国会冲突益甚,于一六二八年被国会强迫签署《权利请愿书》,规定国王未得国会同意,不得征收租税,不得随意拘捕人民,成为英国第二大宪章。实际此项请愿书,较之大宪章颇有进步,因大宪章只是国王与贵族协定的约章,此则为国王与国会协定的约章,无异是国王与人民协定的约法。

(三) 美国独立前《康纳迭克的根本约章》(Fundamental Order of Connecticut)

一六三九年,康纳迭克(Connecticut,后为美国独立时十三邦之一)

[①] 耶稣教社的信徒,有选举教社职官之权,而代表耶稣为教社的最高机关。当时宗教革命分子,以为教社的存在既公认为基于教社与信徒间的一种教约,则国家的存在,自亦基于国家与人民间的一种契约。故欧洲十六七世纪的宗教革命,直接间接均有助于根本法观念的发展。

曾制定根本约章,为殖民时代的建国约法。该约章明定国家的最高主权属于人民全体,并经公民全体大会通过,较之《五月花公约》,又前进一步。

(四) 英国克伦威尔军队所拟订的《人民公约》(Agreement of the People)

一六四二年,英国清教徒革命(Puritan Revolution)发生,一六四七年,革命首领克伦威尔(Oliver Cromwell)军队中的清教徒,曾拟订人民公约草案,由克伦威尔提交议会。该草案以自然法上的自然权利为理论的基础,列举人民若干权利,如生命权、自由权、财产权、政治平等权、普通选举权等,即议会亦不能有所侵犯;该草案又规定公约的效力,在普通法律之上,其制定权不完全属于议会,并须得人民同意,始能成立。此项草案,最后虽未经议会通过,亦未交付人民表决,但其观念的表示及其进展的痕迹,则已可窥见。

(五) 英国一六八九年的《权利法典》(The Bill of Rights)

英国于一六六〇年复辟(Restoration)以后,国王与国会,曾相安一时;但至一六八五年查理二区(Charles II, 1660—1685)死后,詹姆斯第二(James II, 1685—1688)继位,又极力压迫国会,袒助旧教——天主教,因此又引起国会与新教徒的反抗,结果遂激成一六八八年的民党(Whigs)革命,驱逐詹姆斯二世,并迎其前后所生之长女新教徒玛丽(Mary)及其婿荷兰亲王威廉(William Orange)入主英国,国会于一六八九年通过《权利法典》,世称"光荣革命"(Glorious Revolution)。《权利法典》之重要规定为:国王必为英国新教徒;未来任何国王或女王不得停止法律效力;国王不得议会同意,不得增加租税或征召兵丁;国会议员不得因作政治活动而受拘束,不得因言论而剥夺其自由;犯罪之人必须以公正的陪审制度审判;人民有请愿之权。此项法典,就效力言,不仅限制国王的权力,且保障议会及人民的权利;就形式言,实为一二一五年《大宪章》与一六二八年《权利请愿书》的延续与扩大,而为一最完备的国王与国会协定的约法。

此一时期的约法观念,在理论上之最重要者,可以洛克与卢梭的社会契约说为代表:

英人洛克(John Locke,1632—1704)在其名著《政府论》(Two Treatises of Government)中,以自然法及自然权利为理论的基础,说明国家的成立是基于契约。洛氏认为人类是理性的动物,自然世界是和平世界,受自然法支配;所谓自然法,是人类理智所决定的种种规则,为人类在自然社会中生活的法则;在自然法之下,所有人类皆为平等,而享有均等的自然权利,如生命权、自由权、财产权等是,倘有人侵犯此权利,则各人可起而惩罚,不过惩罚时,仍须受自然法支配,不得超出理性之外,因此之故,各人遂均能节制,使自然世界成为和平世界。然则人类何以放弃此和平世界而建设国家? 洛氏以为人类在自然世界中,虽然都是平等,都有自由,但各人的权利颇不确实,往往要被人侵害,因为自然世界有三种缺点:(1)虽有自然法而无制定法,人类对于自然法,往往愚昧无知,或任意曲解;(2)缺少公共承认的裁判官,各人自行裁判,每为感情所动,失去公平;(3)缺少执行判决的强制力,惩罚罪人,依靠个人力量,力量不够,则无从惩罚。有此三种缺点,遂使人类的生命、自由、财产,不能充分保障,所以人类感觉有建设国家的必要。但自然世界既是自由平等的世界,各人都有天赋的自然权利,都是绝对的支配者,不受别人的支配,又用何种方法以建设国家? 洛氏又以为只有用同意(Consent)方法,各人相互同意结合,加入政治社会,建立国家,设置政府,抛弃各人所同意放弃的权利,听受基于同意所产生之制定法的支配,对内保障自然权的安全,对外防御敌人的侵害。此种同意,即是契约(Contract)。故国家的成立,是由于契约;契约的目的,是在保障各人生命、自由与财产;国家的权力,只能对于保障和平及增进公共福利的目的行使,其行为不能超出契约的限制之外;政府是置于契约之下,其权力范围,只以契约所规定者为限;倘国家机关的行为,超出契约的范围之外,人民可行使其自然反抗权。此为洛氏契约说的大意,其中说明国家的成立是由于契约,契约的实体是制定法,国家的权力是来自人民而有限,革命是人民的正当权利等要义,不仅对于当时的约法观念,有显明的启示,抑且对于美法革命后的成文宪法观念,有重大的影响。

法人卢梭(Jean Jacques Rousseau,1712—1778)的《社会契约说》(*Du Contrat Social*;*The Social Contract*),亦以自然世界为理论的起点。卢氏认为在自然世界中,人类皆为平等与自由,其行动的根据不在理智,而在亲热与怜恤的情感。嗣因文化进步,种种罪恶发生,更因技术发达后的分工,与私有财产的形成,益使贫富悬殊,而破坏人类最初快乐的情况,于是不得不有政治社会的建立。此为卢氏意念中国家产生的原因。但国家又由何种途径产生?卢氏则以为由于社会契约,因只有从协约与同意,始可证明威权为合理及自由始可以保持。彼以为每人放弃其自然权利于社会全体之中,经此过程,一种政治团体遂于以成立。此种政治团体有其自身的生命及意志,而与其组成分子的生命及意志有别:前者是整个主权者,是为主权主体,即所谓国家;后者是主权者之各个分子,是为缔约者,即所谓人民;前者的一切行为,听后者总意志(Volonté générale;General will)的支配。所以卢氏的契约,是社会契约,而非政府契约。此种契约,含有两方面的意义:一方面是人民自身相互订约,成为主权主体之一分子;一方面是人民与契约所造成的国家订约,成为国家组成之一分子。故国家乃是契约的结果,乃是主权主体,乃是人民全体,主权永远属于人民全体,不受任何限制。

以此，卢氏相信国家所有的威权，与个人所有的自由，其间并无抵触之虞，且个人自由亦不因之而减缩。因卢氏以为人民可运用总意志，制定或修改基本法则，为国家行为的准则；其实行的方法，小国可行使直接民权，大国可举行定期会议，当人民如此集合为主权团体时，国家一切权力，应暂时停止，听候总意志的决定。卢氏此种契约说，较之洛克的契约说，有几点不同：(1)洛氏只说国家权力，不谈主权[①]，卢氏则以主权为讨论国家的中心；(2)洛氏主张国家权力有限，卢氏则主张国家主权无限；(3)洛氏只说同意，卢氏更提出总意志；(4)洛氏的自然反抗权，只能于非常紧急状态下行使，卢氏的主权，则永久寄托于人民全体，可定期运行。凡此均为卢氏基于社会情况，适应时代需要，较洛氏理论之更前进者。

四、美法革命时期的成文宪法观念

十六七世纪的约法观念，虽然在理论上及事实上，均达于成熟阶段，而具有近代宪法观念的实质，但近代的成文宪法观念，究以十八世纪末叶美法革命时期所产生的宪法为嚆矢。在此时期内所制定的宪法，除采纳过去根本法观念及约法观念所具有的原则并加以补充外，其最重要的意向，厥为宪法必须为成文法典，应由全体人民或代表所组成的特别制宪机关制定，其效力高于普通法律，以确保人民的权利，是为此时期宪法观念最大的特色。故美法革命时期的成文宪法观念，是现代宪法观念直接的渊源。

---

① 洛克名著《政府论》通篇无主权（Sovereignty）字样。

美国十三州于一七七六年脱离英国而独立，一方面各州相继自定宪法①，成为各州自己的宪法；同时各州联合订立《邦联条款》(The Article of Confederation)，成为各州共同的盟约。至一七八七年，改邦联为联邦，制定联邦宪法，成为美利坚合众国宪法。在此期间所产生的宪法，除康纳迭克及罗德岛两州宪法，沿用往昔英王给与的特许状(Charter)，早具成文形式外，其余各个宪法，无一非成文宪法。并且各州宪法的制定与公布，大都经由特别制宪团体通过，其中更有若干州以宪法交付公民全体会议(所谓 Town Meeting)表决者。联邦宪法亦为各州联合组成特别制宪会议所起草，起草宪法之人，虽未主张以宪法草案交付各州公民大会表决，但于草案之末，曾明定该草案须经由各州分别选举特别制宪会议(Conventions)表决，然后始能发生效力。至关于宪法效力高于普通法律的观念，更增设具体的保障，因各州所制定的宪法，均列举人民的自由，为普通法律所不能侵犯的权利，倘有违反，则法庭有权根据宪法，宣布违宪，而使其失效。此项新增设的保障，初为各州宪法所采纳，继为联邦宪法所接受，而成为美国宪法的一大特征。由此可见，美国此时期的宪法观念，是以成文宪法为基本原则，不仅要使宪法具有实质上的效力，抑且要使宪法具有形式上的权威，而使现代的宪法观念，入于具体明朗之域。

法国一七八九年大革命的发生，距离美国联邦宪法的成立，仅有两年。当时法国人士，对于宪法的见解，一方面固与美国人同样受十七八

---

① 一七七六年一月五日 New Hampshire 宪法，三月二十六日 South Carolina 宪法，六月十二日 Virginia 宪法，七月二日 New Jersey 宪法，九月二十日 Delaware 宪法，九月二十八日 Pennsyvania 宪法，十一月九日 Maryland 宪法，十二月十八日 North Carolina 宪法，一七七七年二月五日 Georgia 宪法，四月二十日 New York 宪法，一七八○年三月二日 Massachusetts 宪法，Connecticut 及 Rhode Island 两州仍沿用往昔的《特许状》为宪法。

世纪政治思想家的影响,同时更受美国联邦宪法的鼓励。所以法国人于一七八九年等级会议(Etats Generaux；Estates General)集会后,未几即演变为国民会议(Assemblée Nationale),积极从事成文宪法的制定,于很短期间,便宣布法国宪政史上有名的《人权宣言》(La Déclaration des Droits de l'hommes et du Citoyen；The Declaration of the Rights of man and of the Citizen),其要点是宣布人类平等与人权保障,启法国有宪法性质的文献之端。但《人权宣言》仅一宪法原则,国会制度及政府组织,均无规定,国民会议乃继续起草宪法本文,至一七九一年,全部宪法完成,正式公布,世称一七九一年宪法,是为法国第一部的成文宪法。本宪法采"主权在民"及"权力分立"诸原则,将君主与共和混合,采君主立宪政体,极富调和性与保守性,颇不为激进派所欢迎；同时,此际路易十六(Louis XVI, 1774—1792)尚居王位,王室贵族,阴谋勾通奥国及其他列强,干涉革命行动,人民大愤。一七九二年,人民拘捕路易十六,召集国民制宪会议(Convention Nationale),议决废除王政,改建共和政体,世称"第一共和"。一七九三年,处路易十六以死刑,国民制宪会议议决宪法草案,提交人民复决,经多数通过,正式公布,世称"一七九三年宪法",是为法国第二部的成文宪法。本宪法为加谷班(Jacobins)党人所制定,采激进政策,厉行恐怖政治。一七九四年加谷班党首领罗伯庇尔(Robespierre)被杀,恐怖政治消灭,温和派继起,复召集国民制宪会议。一七九五年,制宪会议又议决新宪法草案,提交人民复决,经多数通过,世称"一七九五年宪法",是为法国第三部的成文宪法。本宪法采行五人执政府制,恢复和平状态。一七九九年,拿破仑自埃及返法,推翻执政府,使国会两院重组宪法起草委员会,拟定宪法,提交人民复决,又获通过,世称"一七九九年宪法",是为法国第四部的成文宪法。本宪法在形式上仍采共和政体,但在目的上则建立强有力的中央集权政府,采用独裁制。依据上述,可见法国在革命时期所制定的宪法，无论是君主立宪或共和政治，五人执政或个人独裁，其宪法的形式，无不以成文为原则，并多由制宪机关拟定，交付人民复决。从此可知，宪法须为成文法典，并须经人民同意，其制定应异于普通法律，亦为当时法国人的深切信仰之一。不过美国人的法院有否认违宪的法律权，因法国情形特殊，未为法人所采用，是为美法不同之点。

五、十九世纪以来成文宪法观念的进展与趋向

法国大革命以后，欧洲大陆诸国，间接受美国影响，直接受法国影响，而后者较前者尤为重大。因法国的政治思想，在欧洲大陆，夙居领导地位；且在革命初期，十年之间，竟出现四部宪法，一时风气所播，欧洲多数国家，即陆续产生若干宪法。如一八〇九年《瑞典宪法》，一八一四年《挪威宪法》，一八一五年《荷兰宪法》，一八三一年《比利时宪法》，一八四八年《瑞士联邦宪法》，一八四九年《丹麦宪法》，一八六一年《意大利宪法》，一八七一年《德国宪法》，均其著者；同时法国本身，自一七九九年宪法颁布后，更变革频仍，不断产生新宪法，如一八〇四年《拿破仑第一帝国宪法》，一八一四年包本(Bourbons)《王政复辟宪法》，同年《路易十八钦定宪法》，一八一五年《拿破仑百日帝政宪法》，一八三〇年《奥良王政宪法》，一八四八年《第二共和宪法》，一八五二年《路易拿破仑宪法》，同年《路易拿破仑第二帝国宪法》，一八七五年《第三共和宪法》。总之，欧洲各国，在此世纪中，除俄国外，几无一不有宪法，除英国及匈牙利宪法外，无一非成文宪法。且不久以后，此项观念更传至东方及中南美诸国，如一八七六年的《土耳其宪法》，一八八九年的《日本帝国宪法》，一八九一年的《巴西宪法》，均其明例。由此可见，美法革命时期的

成文宪法观念,至十九世纪末叶,在形式上已获得普遍的发展与实行。

不过,十九世纪内的成文宪法,其内容及性质,至为复杂,或出于君主个人的颁布,或由于君主与人民的协议,其真正由人民制定的宪法,除法国几次共和及瑞士等宪法外,并不多见。盖此时期的一般人士,只注意于君主权力的限制,对于民主主义的容纳及共和政体的采用,并未特别重视,即以法国而论,或为君主,或为共和,或为独裁,无一贯主张,可见一斑。故欲论及成文宪法之实质上的进展,当以第一次世界大战后的表现,更为显著。

一九一八年第一次世界大战结束,各国惩前毖后,尤其德国于大败之余,制定《威玛宪法》,改君主为共和,以及其他新兴国家的宪法,均相率容纳民主主义;对于宪法的成立与修改,亦相率承认宪法须由人民直接表决或由人民所特别选举的制宪机关表决的原则。至于宪法效力高于普通法律的观念,英国的各自治殖民地,如加拿大、澳大利亚等,以及中南美各国的宪法,已陆续采纳美国宪法上的成例,而予法院以根据宪法,否认普通法律之权。欧洲各国,亦渐有容纳的趋势。故此时期的宪法观念,已逐渐接近美国观念的特质。又发生第二次世界大战,一般民主国家的宪法观念,为情势所牵,更不能不有所变动。

第二节　宪法的意义

依据上述宪法观念的发展及晚近宪法观念的趋向,可见宪法一词的涵义,今昔既有差别,各国亦不尽同。为欲明了今日的宪法,究应作何解释？及如何运用？可以下列数意义说明之。

一、形式的意义

此项意义的宪法，是以法的形式为标准，而区别其是否为宪法之谓。质言之，即(1)依特别程序制定，具有完整的法典形式；(2)其效力高于普通法律；(3)其修改的手续，较普通法律的修改为难；凡具备上述特点或至少特点之一者，是为宪法。在此意义之下，就是说宪法必须是成文法典，与普通法律有主从之别，宪法为主，普通法律为从，普通法律与宪法抵触时，普通法律即失其效力。此为近代多数学者所认为宪法应具的特点，因一许多国家，不独承认宪法的效力高于普通法律，并且对于宪法设有特殊有效的保障，或授予法院以拒绝适用违宪法律权，或设立宪法解释机关宣布违宪法律无效权。所以在此意义下，不仅不成文法的国家没有宪法，即有部分具有宪法性的成文法律，而无特殊制定或修改的程序及有效的保障，仍不能认为是真正的宪法。依此，形式意义的宪法，其范围相当狭小，不能包括一切有宪法性的法律在内。不过，此纯就理论而言，在事实上并不如此简单。例如英国宪法，虽不具备上述形式上的特点，但英国为宪法先进国家，其宪法的功能，并不因之而稍受影响；又如美国宪法，为形式意义的典型，但今昔解释异趣，随时代前进而改变其内容[1]。由此可知，形式意义的宪法，实不足以包括一切宪法的特征，为

---

[1] 例如美国联邦最高法院向认契约自由为美国宪法修正第五条及修正第十四之正当法律手续条款(Due Process of Law Clause)所保障的自由权之一，而宣告规定最低工资、最高劳动时间，或统制其他经济活动的法律为无效；但至罗斯福新政时期，最高法院鉴于社会经济的需要，遂一反从前的解释，放弃契约自由的原则，趋向保护劳工的途径，而认许多劳工立法为合宪。又如美国国会的规定州际通商管理权，由于联邦最高法院的扩大解释，致联邦政府的权限随之提高，均其显例。

欲普遍运用,适应时代的需要,仍应兼及实质意义的宪法,而收相互为用之效。

二、实质的意义

此项意义的宪法,是以法的内容为标准,而区别其是否为宪法之谓。质言之,即凡规定国家的基本组织及国家活动的基本原则之法,皆为宪法。在此意义之下,不问其形式为成文或不成文,亦不问其所用的名称为何,只要是涉及国家的领土与主权,人民的权利与义务,统治权的组织、权限及其行使的方式等,皆属于宪法的范围。所以在此意义下,不仅成文宪法国家,固然皆有宪法,即在不成文宪法的国家,如英国向以习惯称者,亦莫不有其宪法存在。因之实质意义的宪法,比较形式意义的宪法,范围广阔,既能包括各种不同的宪法,更能适应晚近宪法观念的趋势。故今日研究宪法学者,一方面固应注意形式意义宪法的发展,同时仍应重视实质意义宪法的存在,不容偏废,庶能运用自如,以竟全功。

宪法既包括形式意义与实质意义两方面,则世界各国宪法,除多数用"宪法"(Constitution)名称外,其他自有种种用法,不能一律。如英国一二一五年的《大宪章》、一六二八年的《权利请愿书》、一六七九年的《人身保护法》、一六八九年的《权利法典》、一七〇一年的《王位继承法》(Act of Settlement)、一八三二年的《大改革法》(Great Reform Act)、一九一一年的《国会法》(Parliament Act)、一九一八年的《人民代表法》(Representation of the People Act)、一九二八年的《男女选权平等法》(Equal Franchise Act)、一九三一年的《西敏寺法》(Statute of Westminster)、一九三六年的《国王禅位法》(Abdication Act)、一九三七年的《摄政法》(Regency Act)、一九四七年的《印度独立法》(India

Independence Act)等；法国第三共和的《参议院组织法》(Lois du 24 fevrier 1875, Relative à l'organisation du Sénat)及《公权组织法》(Lois du 25 fevrier 1875, Relative à l'organisation des Pouvoirs)；中国清代末年的《十九信条》；西班牙一九三八年的《劳工宪章》、一九四二年的《议会组织法》、一九四五年的《西班牙人民宪章》、一九四七年的《元首继承法》；西德一九四九年的《德意志联邦共和国基本法》(Grundgesetz für die Bundesrepublik Deutschland)等各种文书，虽未附以宪法名称，但以其实质言之，均为宪法。故宪法重实质而不重形式与名称，已为事实所证明。

三、概括的意义

宪法因时代先后及国家环境而有歧异，欲下一简单概括的定义，颇非易事。是以各国学者，多多就其意见，纷立不同的界说。如蒲莱士(Bryce)谓：宪法是规定政府的形式与权力，及人民的权利与义务的法则。戴雪(Dicey)谓：宪法是规定国家直接或间接关于统治权之分配及行使的规则。葛莱(Cooley)谓：宪法是国家的根本法，确定政府成立的原则，规定主权之所在，指明行使此项权力的人物及方法。奥格(Ogg)谓：宪法是决定政府机构与权力的原则、法规、方式及惯例。马金铎(Mackintosh)谓：一群成文的或不成文的基本法而规定高级行政官吏的权力以及人民的重要权利者，称之为国家的宪法。鲍格德(Borgeard)谓：宪法是一种根本大法，根据它以建立国家的政府，以调协个人与社会的关系；它可以是成文的，由主权者制定具体的条文；它亦可以是历史的结晶，由不同时期不同来源的国会法、判例以及政治习俗所组成。卜维尔(Bouvier)谓：宪法是国家的基本法，指示政府所由建立的原则，并规定主权运用的方式。[①] 综上所述,可见诸家学说,各有其独到之处,然舍其细而取其大,再证以现代国家立宪的意旨与目的,则又发现若干共同之点,而可作为宪法之简单概括的定义,即宪法是规定国家政治权力之所在与行使,及其与人民权利义务之关系,而为一国具有最高效力的基本法。

第三节　宪法的种类

一、成文宪法与不成文宪法

宪法以文书形式为标准,可分为两种:凡将国家根本组织事项,特别编成法典,而独立于普通法律之上者,谓之"成文宪法"(Written Constitution);凡将国家根本组织事项,不特别编成法典,而散见于普通法律、各种文件或习惯之中者,谓之"不成文宪法"(Unwritten Constitution)。

成文宪法因文书完整与否,又可分为两类:(1)由单一文书编纂而成,即将国家基本事项,用单一文书汇合编成完整的法典。此制创自美国,美国自独立后,即进行制宪工作,于一七八七年,制定《美利坚合众国宪法》,成为世界宪法史上第一部有系统的完整的成文宪法。法国第一、第二共和《宪法》相继采用,以后其他各国宪法,多数仿效,几成近代成

[①] 参阅邹文海先生著《政治学》增订第四版,第一六五页。

文宪法的通例。如德国《威玛宪法》,法国第四、第五共和《宪法》等均属之。(2)由数种文书合并而成,即将国家基本事项,分别或先后制定单行法典,不作有系统与完整的编订。此制渊源于英国宪法之成文部分。故除英宪成文部分外,其他行者较少。如法国第三共和宪法由《参议院组织法》《公权组织法》及《公权关系宪法》(Lois Constitutionnelle du 16 juillet 1875, sur les Rapports des Public)三种文书合并而成,西班牙现行宪法由《劳工宪章》《议会组织法》《人民宪章》及《元首继承法》等文书合并而成,均属其例。

不成文宪法现仅行于英国,其构成要素,可分为下列五项:(1)为大约章(Great Charter)及历史上的重要文件(Landmarks),如一二一五年的《大宪章》、一六二八年的《权利请愿书》、一六八九年的《权利法典》、一七〇一年的《王位继承法》、一八三二年的《大改革法》、一九一一年的《国会法》、一九三一年的《西敏寺法》、一九四七年的《印度独立法》等均属之。(2)为含有宪法性质的国会制定法(Statutes)。此类法律,为数甚多,英国国会常有制定,凡有关选民资格、选举方法、官吏职权、人民权利及政府组织等均属之,如一六七九年的《人身保护法》、一八七三至一八七六年的《审判法》、一八三五至一九三三年的《地方政府法》、一九一八年的《人民代表法》、一九二八年的《平等选举法》等皆是。(3)为含有宪法性质的法院判例(Judicial Precedents)。英国法院本无审查法律权,不能宣布法律违宪,其所作有关宪法性质的判决,在形式上原不能与美国最高法院所作的判决相比。但在英国,法院解释法律时,常宣称何者是宪法,尤其关于各种重要的人民自由(Civil Liberties),如言论、出版、居住、集会等自由,大都包含于习惯法中而由法院予以确切的解释与保障。所以英国习惯法上的权利(Common Law Rights),在现时的意义与效力,均得之于多年以来法院的解释,国会固能对上述权利,作重新的规定,但法院仍可根据旧判例,解释新规定。因之,法院的判例,却具有实质上的权威,而为宪法构成一个重要的因素,如一六七〇年确立陪审员有独立地位的 Howell's Case 等,均其明例。(4)为"习惯法"(Common Law),此纯由事实生长,无明文规定,不断沿用,成为惯例,具有宪法的效力,如虚君政治、内阁制度、政党制度等,均其著者。(5)为有关宪法的权威著作(The Writings of Authority),此项个人意见,固与其他国家的私人意见一样,不能直接发生法律上的效力。但在英国,此项意见,只要公允正确,不仅为研究宪法的参考,抑且为法官判决有关宪法案件的准则。因之,此项著作,虽非直接为宪法的本身,但却为宪法理论与实用的源泉,亦为宪法构成因素之一。英国宪法,即由此许多因素凑合而成,学者因特称为不成文宪法,以别于成文宪法。

上述成文宪法与不成文宪法的区别,只是大体上相对的说明,若进一步研究,则未尽妥善。因宪法系指示国家立国的基本原则及重要精神,内容复杂,宪法固难一一列举,尤其立国稍久,势必随时代而有所损益。因之,成文宪法中不乏不成文部分,如美国的政党政治及总统候选人之提出等,均与其政治组织发生最密切的关系,而宪法中并没有规定;反之,不成文宪法中也有很多成文部分,如英国宪法在上述五项构成要素中,前两项均为著名的成文法典。由此可见,宪法之为成文与不成文,并非绝对可以划分,只是程度上的差别而已。

论及两者的优劣,学者议论不一,归纳一般意见,多谓成文宪法比较明确、具体、易为政府及人民所遵守;不成文宪法比较含混、习惯、易为政府及人民所尊重;此者之长,即彼者之短。其实宪法之被遵守或尊重,不在成文与不成文,而在政府及人民的守法精神。倘政府及人民富有守法精神,虽属不成文宪法,照样发挥宪法的作用;反之,虽属成文宪法,稍一不慎,微有违背,反而有损宪法的尊严。故成文宪法与不成文宪法的优劣,也是相对的。惟为易于衡量及促进守法精神计,成文宪法究比不成文宪法为愈。晚近各国宪法,成文多于不成文,不成文渐变为成文,乃系显著的事实。

二、刚性宪法与柔性宪法

宪法以修改手续为标准,亦可分为两种:凡宪法之修改,必以特定的程序,或出于特设的机关,不能由普通立法机关以普通立法程序修改者,谓之"刚性宪法"(Rigid Constitution);凡宪法之修改,并无特定的程序,或特设的机关,纯由普通立法机关以普通立法程序修改者,谓之"柔性宪法"(Flexible Constitution)。

依据上述分类,近代各国宪法,除英国宪法及第二次世界大战前的意大利宪法(一八六一年《王国宪法》),由国会以普通立法程序修改,为柔性宪法外,其余修改手续较困难者,如《美国联邦宪法》、《瑞士联邦宪法》、德国《威玛宪法》及法国第四、第五共和《宪法》等,固然是刚性宪法;即修改手续不太困难,如法国《第三共和宪法》,仅由国会两院举行联席会议(名曰宪法会议)而修改者,也是刚性宪法。因之,今日各国宪法,修改的手续纵有不同,但多属刚性,其为柔性者,似只有英国一国。

此项分类方法,为英国公法学者蒲莱士所主张[①]。依蒲氏意见,以宪法修改手续的难易,来分别宪法的种类,较易区别宪法的优劣。蒲氏认为:刚性宪法赋有固定性,因难于修改,不易适应环境;柔性宪法赋有活动性,因易于修改,适应环境的能力较强;在社会变迁剧烈时期,后者较前者为优。其实,此项分类及其所区别的优劣,亦只是相对的:(1)刚

---

① Bryce, *Studies in History and Jurisprudence* (1901); Essay iii.

性与柔性并不能作宪法性质截然的划分。所谓刚性宪法,在实际运用上,并不乏柔性部分,如美国宪法从经长期施行的结果,亦造成若干惯例,如法院有法律违宪审查权,总统之选举由政党提名及行政机关与立法机关的关系,因事实需要而日趋调协等,均其著者;所谓柔性宪法,亦不乏坚韧部分,如英国的虚君制度、内阁制度、政党制度及王位继承等,均已成为固定法则,倘有违背,必为公共舆论所反对,而归于无效,其拘束力量之强,较之刚性宪法或有过之。(2)手续的难易并不能为宪法修改唯一的原因:刚性宪法修改的手续虽难,但有修改必要时,一样可以修改,如美国宪法已修改十三次,增加二十二条,瑞士宪法改变更多,并未因修改困难而变为固定;柔性宪法修改的手续虽易,但无修改必要时,一样不能修改,如英国《王位继承法》,工党曾屡欲修改,未能成功,并未因修改容易而流于浮动。(3)刚性与柔性并不能为宪法优劣之绝对的标准:宪法纵有刚性与柔性之分,其优劣也是相对的,刚性宪法因修改困难,比较固定,避免不必要的变动,可使社会安定,是其优点,但较少弹性,易使执政者穷于应付,被迫违宪,致损害法治的尊严,是其缺点;柔性宪法因修改容易,比较活动,减少不合理的拘束,便于适应环境,是其优点,但较少定性,易使执政者流于擅断,随意修改,致危害人民的权利,是其缺点。然此仅就大体而言,实则宪法的优劣,并不完全系于刚性或柔性,倘立法及行法技术优良,崇法及守法精神丰富,再能为合法与适当的运用,无论刚性或柔性,均能发挥其功能,而收异途同归之效,英美两国宪法,可为明证。

三、钦定宪法、协定宪法与民定宪法

宪法以制定机关为标准,可分为三种:凡宪法由君主制定,并未征求其他机关的同意而颁布者,谓之"钦定宪法";凡宪法由君民共同制定,双方以协商方式决定宪法内容者,谓之"协定宪法";凡宪法由国民制定,其制定方式,或直接由人民投票表决,或间接由人民所选出之代表议定,均谓之"民定宪法"。

钦定宪法制定的机关是君主,此时君主的权力,无论如何,至少在理论上,为至高无上,所谓国家主权者。其制宪的动机,无论出于自动,抑出于被动,其最重要的意义,即制宪之责,纯由君主自负,他人不能代替。纵令该宪法实系预经某种团体先行议定,但此种团体,亦不过受君主之命,代为拟定,名义上仍由君主自己负责,须经其核准,方为有效。如法国一八一四年路易十八的《宪法》、意大利一八六一年《宪法》、日本明治维新《宪法》、中国清末宣统三年的《十九信条》等均属之。此类宪法,因君主保有特权,专制色彩异常浓厚,而且君主颁布宪法,多为不得已之举,一旦环境改变,即可将宪法废弃。所以钦定宪法无多大价值,现已绝迹。

协定宪法的制定机关是君主与人民,惟此所谓人民,或为人民代表组成的议会,或为人民公共意见的表示,因之此项宪法,必为多方面的协商而成,不能依单独的权力而制定,此时国家的主权,君民俱非完全主权者,在名义上主权纵属君主,在事实上必须征得人民的同意。如法国一八三〇年《宪法》,普鲁士一八五〇年《宪法》,均其显例;英国一二一五年《大宪章》,也可归于这一类。此类宪法,不易长久存在,君主或人民任何一方面权力伸张之后,即会不满意此项宪法,势必加以修改或废弃,所以此类宪法只是宪政史上的过程,不是优良的制度。

民定宪法又可分为两类:一为直接民定宪法,即宪法的制定,径由人民直接投票表决,故其制定机关为人民,惟此所谓人民,乃系公民之意,如法国第四、第五共和《宪法》等是。二为间接民定宪法,即宪法的制定,或由普通议会制定,或由特别制宪团体制定,故其制定机关,或为普通组织的议会,或为特别组织的制宪团体。惟此所谓普通议会,又往往有特殊的内容,如法国《第三共和宪法》,制定机关为普通议会,但制宪时两院须举行联席会议于凡尔赛,称"宪法会议"。所谓特别制宪团体,亦往往有特定的权限,如我国台湾地区现行"宪法","制宪机关"为"国民代表大会",但"宪法"起草权属于普通"立法机关"的"立法院","国民代表大会"仅有最后的决定权。凡上所述,无论直接或间接,均为民定宪法,其目的俱为尊重民意,使人民能直接或间接参加政治,以实现民主政治之主权在民的意义。故在今日民主思想盛行之下,民定宪法,至少在形式上及理论上,已为举世一致所采用,而无可非议。

第四节 宪法的特性

一、宪法的根本性

此为宪法在实质上普遍的特性。依据宪法的意义,其内容:应为规定一国的根本重要事项,举凡有关构成国家的要素、人民的权利及义务、国家的立国精神及一切重要的传统制度等,均应属于宪法的范围,以为其他一切法律的基础,是为宪法的根本性。此项特性,不仅指成文宪法而言,即不成文宪法亦包括在内。故此项特性,实较形式上的特性,更能赅括各种性质不同的宪法,而为一切宪法所具备。所以世界各国对于宪法的性质,莫不视为含有根本的意义。如法国在十四世纪,已有国法与王法的区别,称国法为"根本法"(Lois Fondamentales),或直接称为"宪法"（Lois Constitutionnelles）；现代法国又有组织法（Lois Organiques）与宪法的区别，仍以宪法为根本法；英国在形式上虽无宪法与普通法之分，但"宪法"一词，亦含有"根本"之意，凡法律或习惯之具有根本性者，则称为"宪法"（Constitutional Law）；西德称宪法为"基本法"（Grundgesetz）；西班牙亦称宪法为"基本法"，在其《元首继承法》中明白规定，国家之基本法为：《西班牙人民宪章》《劳工宪章》《议会组织法》《元首继承法》《国民复决法》及其他尚待公布之基本法。依据上述，可见宪法的根本性，早经确立，历史最久，且有若干国家直接以基本法名之，绝非空洞理论，而有其真实的意义。

二、宪法的最高性

此为宪法在形式上固有的特性。一般成文宪法，在形式上多认定宪法效力高于普通法律，普通法律与宪法冲突时，普通法律即宣告失效，是为宪法的最高性。学者以此特性，属于宪法形式，因又称为形式上的特性。在形式上固不能谓所有成文宪法具备，不过在绝大多数成文宪法中，都具此特性：如美国称宪法为"最高法"（Supreme Law），凡遇普通法律与宪法抵触者，即认为违宪，一九三五年五月，美国联邦法院认罗斯福总统之《复兴法》（N. R. A）违宪，宣告无效。我国台湾地区现行"宪法"第一七一条"法律与宪法抵触者无效"；同法第一七二条"命令与宪法或法律抵触者无效"。《瑞士联邦宪法》暂行条文第二条"凡与本宪法相抵触之联邦法律、州协约以及各州宪法或法律，应自本宪法施行日起或由本宪法规定之法律公布以后，一概失效"。《比利时宪法》第一三八条"法律、命令、章程及其他行为之抵触宪法者，应自宪法生效之日起，均予废止"。《德意志联邦共和国基本法》（西德宪法）第一〇〇条第一项"法院若认某一法律为违宪,而该法律之效力又与判决有关者,应停止审判程序;如系违反邦宪法,应请求有宪法争议管辖权之该邦法院决定之;如系违反本基本法,应请求联邦宪法法院决定之;邦法律违反本基本法,或邦法律抵触联邦法律时,亦同"。《意大利共和国宪法》第一三六条"宪法法院宣告法律或具有法律效力之命令为违宪时,该法律或命令自判决公布次日起失效"。《日本宪法》第九十八条"本宪法为国家之最高法规,违反其规定之法律、命令、诏敕及其他关于国务行为之全部或一部,均无效"。《泰国宪法》第一一三条"与本宪法抵触或矛盾之法律规定无效"。《土耳其共和国宪法》第一〇三条第二项"任何法律不得含有违反宪法之条项"。《巴拿马共和国宪法》第一二一条"国会不得制定违反本宪法文字或精神之法律";同法第二五七条第一项"凡抵触本宪法之法律,废止之"。法国《第五共和宪法》第六十一条第一项"组织法在未公布以前,以及国会两院规程在未实施以前,均须提交宪法委员会审查,以确定其是否与宪法抵触";同法第六十二条第一项"凡宣告为违宪之法规,不得公布或付诸实施"。综上所述,可见宪法的最高性,不仅为多数宪法所确认,抑且明定于宪法之上。此外,纵有少数成文宪法,未明白规定,但此项原则,亦多被采用,鲜有例外。其实,在今日不成文宪法国家中,或在成文宪法国家之不成文部分,亦莫不重视此特性,不过无形式之确认而已。

三、宪法的固定性

此为宪法在理论上当然的特性。除柔性宪法外,所有刚性宪法的修改,在形式上均异于普通法律,普通法律用普通立法程序修改,变动较易,刚性宪法用特别修宪程序修改,变动较难,是为宪法的固定性。学者以此特性,仍属于宪法形式,故又认为是形式上特性的一种。此项特性,固然只属于刚性宪法，但现代柔性宪法极少，绝大多数为刚性宪法，因之，此项特性，实际上可以说是为一般宪法所具有。不过各国宪法，因刚性的程度不同，而固定的程度乃随之有别：有些宪法对修改的手续，规定特别繁重，则其固定的程度较高，如《美国联邦宪法》《瑞士联邦宪法》《中华民国宪法》等是；有些宪法对于修改的手续，规定比较简单，则其固定的程度较低，如法国《第三共和宪法》《意大利共和国宪法》《土耳其共和国宪法》等是；有些宪法对于某种条款，作硬性规定，不得予以修改，如法国第三、第四、第五共和《宪法》规定：共和政体不得修改；《土耳其共和国宪法》规定：国家政体为共和国，无论在任何场合或任何方式，不得提议修改或变更；《意大利共和国宪法》规定：共和国政体不得为宪法修改之对象；凡此，则又为局部固定性之最强者。总之，一般国家，为求政治安定，多少必于宪法中采取固定原则，以资保障。

四、宪法的适应性

此为宪法在运用上应有的特性。宪法为国家根本大法，且多赋有固定性，自不应轻易变动，致影响政治秩序及人民生活。但社会现象变化无穷，倘一味拘守成法，则又不足以应付剧变。因之近代宪法，尤其是第二次世界大战后新颁布者，大都仿效瑞士联邦宪法的暂行条款及比利时宪法的过渡条款，于宪法本文中或本文外，订立过渡或临时条款，借以适应事实需要，作因时制宜的措施。此实为宪法运用的一大进展，形成今日宪法形式上兼实质上一个特色，因特称之为宪法的适应性。此项特性，除瑞士联邦宪法、比利时宪法及英国宪法早经享有外，美国联邦宪法由法院解释，亦可算享有。晚近所制定的宪法，此项特性则更为普遍与显著，如法国《第四共和宪法》第十二章过渡条款、法国《第五共和宪法》

第十五章过渡条款、西德《基本法》第十一章过渡及最后条款、《意大利共和国宪法》本文外的过渡规定及附则、《日本宪法》第十一章补则、《泰国宪法》第十章暂定条款、《菲律宾共和国宪法》的第十六条过渡条款、《巴西联邦宪法》本文外的宪法暂行规定。

五、宪法的调和性

此为宪法在事实上常有的特性。各国宪法,在理论上,固以各该国的立国主义或理想为依据,然后制定某种主义或理想的宪法,建立某种类型的国家;但在事实上,并不如此简单,或为时势所迫,或为传统所牵,或为其他力量所限,不得不折衷众意,兼筹并顾,而制定为多方所能接受的宪法,是为宪法的调和性,或称宪法的妥协性。此项特性,不仅成文宪法为然,即不成文宪法亦不例外。如英国一二一五年的《大宪章》,是君主与贵族的调和;早期的国会两院,是贵族与平民的调和;一九三一年《西敏寺法》产生的不列颠国协,是单一国与联邦国的调和。美国一七八七年宪法上的联邦制度,是联邦与单一国的调和;参议院代表各州,众议院代表人民,是大州与小州的调和;晚近美国总统的选举方法,是间接选举与直接选举的调和。法国一七九一年的《君主立宪宪法》,是革命与保守的调和;一七九五年的《五人执政宪法》,是激进与缓进的调和;一七九九年的《拿破仑执政宪法》,是极权与共和的调和;晚近调和迹象尤为显著,《第四共和宪法》序文,确认个人权利,同时又容纳社会政策,是个人主义与社会主义的调和;法国向为单一国,但《第四共和宪法》有法兰西联合(L'Union Française)的规定,《第五共和宪法》有法兰西协合国(La Communauté)的设置,是单一国与联邦国的调和;第五共和总统权力增强,自由任免国务总理,同时又设立内阁,对下议院负责,是总统制与内阁制的调和；又法国既非联邦，自大革命以后，且无阶级之分，在理论上，议会组织应采一院制，但自第三共和以来，均采两院制，实为一极不合理之事，嗣第四共和参议院的职权颇为削弱，第五共和的参议院亦受法定限制，事实上与一院制相差无多，此又可谓为一院制与两院制的调和。凡此事例，不胜列举。总之，宪法具有调和性，几为各国共通的现象，只是内容不同，程度差别而已。

六、宪法的国际性

此为宪法有若干原则为国际间共同遵守的特性。宪法固为一国国内的根本法，各有其特殊的重点；但有若干基本原则，不能与国际间流行的观念相违背，是为宪法的国际性。此项特性，本起源甚早，自有宪法观念以来，即已存在，如古代希腊罗马的民治主义，即为当时各城市国家所通行。愈至后世，国际的接触愈为频繁，特性的范围愈为扩大，举凡民主、自由、平等、法治、分权、保障人权等原则，俱为一般宪法所采用，无论成文与不成文，民定与非民定，均不能例外。降至晚近，其项目更有增加，其内容益为新颖。如一九四六年《日本宪法》序文及第二章明文宣示放弃战争，以维护国际和平；一九四七年《意大利共和国宪法》亦反映战后新宪法的一般潮流，而以国际和平主义为其原则；一九四九年西德《基本法》第二十四条第二项更具体规定：联邦为建立并保障欧洲及世界各国间之永久和平秩序，赞同主权之限制。依据上述，可见宪法之具有国际性，且在逐渐滋长中，乃是彰明昭著的事实[①]。

---

① 参阅刘庆瑞先生著《比较宪法》，第一版，第三五—三九页。

第二章 宪法总纲

第一节 概说

一、总纲的意义与体例

　　一般成文宪法,或不成文宪法的成文部分[1],除极少数例外[2],大都于全文篇首,关于宪法上的基本问题或特殊事项,作提纲挈领的规定,以为实行宪法的准则,是为宪法的总纲。惟各国宪法的编制不同,总纲的体例亦随之而异:有正式以总纲名之,且于总纲之前,更冠以序文,此项体例,最为众多,如瑞士联邦、法国第四第五共和、意大利共和国、巴西、巴拿马、菲律宾、日本等宪法均是;亦有只具总纲形式,而无序文名称,如比利时、土耳其、泰国等宪法及西班牙《人民宪章》等是;更有只具序文形式,而无总纲字样,如《美国联邦宪法》,英国部分成文宪法、西德《基本法》及西班牙《劳工宪章》等是。此外总纲或长或短,亦无一定规范,有长至数十条款,如《瑞士联邦宪法》是;有短至仅存序文数语,如《美国

---

[1] 指英国具有宪法性质的成文法律而言。
[2] 例如法国《第三共和宪法》,西班牙《议会组织法》及《国民复决法》等是。

联邦宪法》是。究其内容,在名义上,无论为总纲,为序文,或总纲与序文并列;在形式上,无论或长或短;但在实质上,均为对于宪法上的重要问题,作纲领性的规定,至为显著。故宪法总纲的体例虽殊,其意义则一。

二、总纲的性质

不论为何种体例的总纲,其通常包含的性质,约有下列数项:

(一) 纲领性

此为总纲主要的性质,即整个总纲的立法精神,以确定国家的立国主义及基本政策,为最高目标,而使一切行为有所遵循,故又可称为基本性。总纲倘不具备此种性质,则与总纲的意义相违;国家在实行宪法时,倘与总纲的规定相背,则总纲亦将失去固有的作用,而使宪法陷于毁坏之境。

(二) 原则性

此为总纲普遍的性质,即总纲内多数条款,只作原理原则的揭示,法国《第四共和宪法》第二条第四项"共和国以民有、民享、民治之政府为基本原则",均属其例。此类条款,倘欲实际运用,尚须参照宪法其他有关条款,或制定其他法律,方可付诸实施。惟解释宪法或制定其他法律时,均应遵守此原则,不得违背。

(三) 特定性

此为总纲特殊的性质,即总纲内若干条款,因事项特殊,或作具体规定,《法国第五共和宪法》第二条第三项"国歌为《马赛进行曲》"等是;或作详细规定,如《瑞士联邦宪法》计有序文及总纲七十条,《巴西联邦宪法》计有序文及总纲三十六条等是;或作抽象规定,如法国第四、第五共和《宪法》均以自由、平等、博爱为信条等是;或作愿望规定,如《意大利共和国宪法》第十一条及日本新《宪法》第九条均对国际战争愿意放弃等是。凡作具体或详细规定者，自能立即生效，因无需其他宪法条款或其他法律的补充，倘有违背，即应认为违宪；反之，凡作抽象或愿望规定者，只是一种铭志或表示，自不能与前者相提并论，仅与一般宪法序文中的广泛宣示相埒。

三、总纲的内容

总纲的体例不一，其内容自未可一概而论，如《瑞士联邦宪法》总纲侧重联邦制度，《比利时宪法》总纲仅及疆域与其划分事项，日本新《宪法》以天皇及放弃战争列为专章，《菲律宾宪法》首论领土问题，西班牙《人民宪章》强调人身之尊严与自由，法国第四、第五共和《宪法》总纲包罗万象，详及国旗国徽国歌及信条等，均属特例。但就一般情形言之，多数宪法的总纲，大抵以序文、国家体制、主权、国民、领土及国旗、国都等其他事项为内容，分别作简单扼要的提示，是为通常的体例。本章下述各节，即就此范畴，分别说明之。

第二节　宪法序文

一、序文的有无与形式

各国成文宪法，有无序文的编列，殊不一致：有的是有序文的，如美国、瑞士、法国第四第五共和、意大利共和国、日本、韩国、菲律宾等宪法，西德《基本法》，英国《大宪章》《人身保护法》《权利法典》《国会法》《人民代表选举法》《西敏寺法》等及西班牙《劳工宪章》等是；有的是没有序文的，如比利时、法国第三共和、泰国、土耳其等宪法，西班牙《基本法》及英国其他具有宪法效力的成文法等是。再就序文的形式而言：有的是标明序文，如法国第四第五共和国、韩国、菲律宾等《宪法》、西德《基本法》、西班牙《劳工宪章》等是，其他多未标明；有的是将序文明列于总纲之前，如瑞士、法国第四共和、意大利共和国、韩国、巴西、巴拿马等宪法是，其他多直接列于条文之前，并未标明总纲字样，而与总纲相混；有的序文长达数百字，如法国第四共和、日本、韩国等宪法是，有的短至数十字，如美国、瑞士等宪法是。综上所述，可见宪法序文，并不是宪法必要的形式，亦不能与总纲严格的划分，其有无与长短，均无一定体例。不过，倘有序文编制，必须列于篇首，乃各国宪法所同。

二、序文的特色与总纲其他条款的区别

序文是构成总纲的一部，凡总纲含有的内容，序文固亦能订列，但严格言之，序文与总纲的其他条款，无论在形式上与实质上，尚有其特异之处：就形式言，序文俱为笼统式的规定，纵其含义众多，篇幅冗长，亦不分条记载，此与总纲其他条款显著不同之点；就实质言，序文纯为广泛性的宣示，此中或纪述过去，或说明现状，或悬想未来，与一般总纲的其他条款间有具体规定者，又属有别。因此种种区别，序文虽亦属总纲范畴，但其内容，不能直接作为政府权力或人民权利的根据[1]。惟序文所宣示的

---

[1] 参阅 E. S. Corwin, *The Constitution and What it means Today*, 10th ed. 1948, p. 1。

基本精神及最高目的,得作为解释宪法的依据,自无疑义。

三、序文在宪法上的规定

序文在宪法上的规定,由来已久,英国《大宪章》即已肇其端绪,以后续为各国所仿效,形成体例。不过,时代不同,各国制宪时的环境攸异,其内容固各有特点,未可一概而论,综其要者,约有下列数端。

（一）制定宪法的权力来源

宪法是国家根本法,必须性质显明,以昭信守。揭示宪法制定的权力来源,即所以显示宪法的性质。宪法制定的权力,出于君主,便是钦定宪法;出于君主与人民,便是协定宪法;出于人民,便是民定宪法。所以一般宪法序文,对此问题,多首先揭示。如英国《大宪章》序文"奉承天运英格兰王……敬向诸大主教……与全国忠诚之国民……颁此宪章",一见而知为协定宪法。《美国联邦宪法》序文"美国国民,为建设更完美之合众国……爰制定美利坚合众国宪法";法国《第五共和宪法》序文"法国人民对于一七八九年人权宣言所规定,并经一九四六年宪法序文所确认,而又加以充实之人权及国民主权的原则,郑重申明,恪遵不渝";凡此均一见而知为民定宪法。

（二）制定宪法的理论根据

国家的建立,必有其历史的使命与最高的理想。宪法为国家根本法,制定时必有其一定的原则。欲建立何种国家,必依此原则,于宪法中,无形或有形订列,以为负担使命及实现理想的指示。现代国家宪法,对其所依据的原则,例多明定于序文之中。如日本《宪法》,在其序文第二段,明定"日本国民,希望恒久的和平,深信支配人类相互关系的崇高理想,决意信赖爱好和平诸国国民的公正与信义,以保持我国的安全与生存;我等欲在努力维持和平,并由地球上永远除去专制、奴役、压迫与偏狭的国际社会上,占有荣誉的地位;我等确信全世界的国民,均有免除恐怖及匮乏,并在和平中求生存的权利",此即表明日本的宪法,是依据和平原则而制定。又如西德《基本法》,在其序文中,明定"德国人民,深知对于上帝及人类的责任,渴望维护民族及国家的统一,且愿在欧洲联合之中,以平等分子的资格贡献世界和平",此即表明西德《基本法》,是依据民族及国家统一与世界和平的原则而制定。法国《第五共和宪法》,在其序文第二段,明定"基于此等原则及人民的自由决定,共和国对于愿与共和国结合的海外属地,提议建立基于自由、平等、博爱的共同理想,并以促进属地民主发展为目的的新政制",此即表明《第五共和宪法》,是依据法国传统的自由、平等,博爱的原则,与海外属地联合,建立民主新政制而制定。

(三) 制定宪法的最高目的

任何国家宪法的制定,必有其最高的目的。此项目的,或隐约含蓄于正文之中,或明白揭示于序文之上,方式不一。如比利时、土耳其、泰国诸国宪法是属于前者;美国、瑞士、法国第五共和诸国宪法是属于后者。《美国联邦宪法》在序文中揭示"美国国民为建设更完美的合众国,以树立正义,奠定国内治安,筹设公共国防,增进全民福利,并谋今后人民永久乐享自由的幸福";《瑞士联邦宪法》在序文中揭示"瑞士联邦为巩固同盟诸州间的团结,并维持及促进瑞士人民之统一、力量及荣誉,制定宪法颁布全国";法国《第五共和宪法》在序文中揭示"共和国对于愿与共和国结合之海外属地,提议建立基于自由、平等、博爱之共同理想,并以促进属地民主发展为目的之新政制",凡此均为各该国制定宪法最高的目的。

(四) 施行宪法的特别申明

宪法制定后,全国通行,乃理论上当然的结果,本无须特别申明。但有少数宪法,关于制定后的施行,往往于序文中特别申明,以昭郑重。如英国《大宪章》序文有"颁此宪章,永矢遵行",法国《第五共和宪法》序文有"郑重申明,恪遵不渝",均其显例。

第三节　国家体制

一、国家的概念

关于国家理论上的各种问题,学者多认为属于政治学范围,宪法学中往往略而不谈。不过在侧重比较说明各国宪法上的有关国家问题时,倘缺乏政治学上或国家学上的一般知识,则对于一般宪法的精神与术语,或部分条文,不能适当了解。因此,对于国家的重要观念,而为宪法上所常用者,择要析述如次:

(一) 国家的名称

国家的名称,随时代、环境而异。中国周代,称天子所治曰"天下",诸侯所治曰"国",卿大夫所治曰"家";秦汉以后,"天下"与"国家"意义不分,两词混用,或单称为"国";降及近代,国家意义渐明,名称渐定,在一般文书上,或单称为"国",或"国""家"两字连用。西文中的国家名称,亦经过许多变迁,古代希腊罗马的国家领域,以城市及其近郊为范围,均为城市国家,因之希腊人称国家为 Polis,罗马人称国家为 Civitas,

俱为城市之意。至欧洲中世纪封建时代,政权与土地(Land, Terre)发生密切关系,于是 Land、Terre 等字常用为国家的名称。依一般学者意见,中世纪末期,欧洲封建制度衰落,政治秩序败坏,又由含有既存纪律之意的拉丁文 Status 一字,逐渐转变用以表示国家的意义,以后传至各国,变为英文 State、法文 Etat、德文 Staat、意文 Stato 等字,而成为现代国家意义的名称。

(二) 国家的要素

国家是人类有组织的政治社会,与一般的社会不同,必有其特定的构成要素,倘要素不备或变质,便不是真正的或健全的国家。真正健全的国家,构成的要素有三:(1)人民——国家既为人类的一种组织,自然不能离开人类而存在;凡无人类的荒漠地区,国家自无从产生。(2)领土——国家既为人类有组织的社会,必有固着的土地,所以现代国家无不有固定的领土,倘无固定的领土,在现代则不能谓为真实的国家,例如在两次世界大战中,有些流亡政府,各国只承认其为 Nation,而不能称为 State、Etat 等是。(3)主权——国家既为有组织的政治社会,必有其特定的机关,在法律上,能行使下列两项特别的权力:第一,该特定机关能决定属于该社会的一切组成分子(个人或团体)的权利与义务,并能决定它自己的权利与义务,而不受任何更高权力的支配;第二,该特定机关能以自己的权力,强制该社会的分子,服从其命令,而不借助于外力。此两项特别的权力,便是主权。以上三者,便是国家构成的要素。各国宪法总纲,对此三种要素,多特立条款,明文规定,盖此三者为立国基础,内容复杂,本章亦循此意旨,另节分别说明之。

(三) 国家的种类

国家本可依种种标准,分为若干种类:例如以国家目的为分类的标准,可分为警察国(Police State)、司法国(Judicial State)、文化国(Cultural

State)三种：警察国以维持秩序为目的，司法国以平反讼狱为目的，两者均系消极行为，因之有人统称为"消极的国家"(Negative State)；文化国以提高人民知识及增进公众福利为目的，系积极行为，故又称为"积极的国家"(Positive State)。又以社会、经济基础为分类的标准，可分为城市国家、教权国家(Theocracy)、封建国家、资本主义国家、社会主义国家、民族国家、多民族国家等。但上述分类，或则过于笼统，无明确界限，如第一类是；或则已成过去，与现实不尽相合，如第二类中之前三者是。故晚近人士，对于现代国家的分类，多以主权的组合形式为标准，分为下列各种类，并决定其是否为真正的国家。兹依此标准，析述如次：

1. 单一国

单一国是未与其他主权国相联合的国家，为现世界中之最多数者，如中国、比利时、荷兰、意大利、西班牙、墨西哥、巴拿马、土耳其、菲律宾、日本、伊朗、韩国、泰国等，均为典型的单一国。

2. 复合国

复合国是两个以上的主权国，或半主权国，或有自主组织权的分子邦，愿意结成一个超过联盟的组织。又可分为下列数种：

(1) 联邦(Federal State)。联邦是由许多放弃主权的分子邦所组成，有统一的联邦政府，得直接以法律节制人民；联邦享有主权，分子邦对内享有自主组织权，两者必须明定于宪法之中；宪法的修改，必须得联邦及多数分子邦的同意；联邦并须有一超然的司法机关，以解释宪法上的疑义，并保障宪法的尊严。以上条件俱备，方可称为真正的联邦。真正的联邦，结合坚强，近于单一国，现在世界中，为数不少，如美国、瑞士、西德、巴西等，均其著者；反之，若条件欠缺，便不是真正的联邦，纵然它们在宪法上自称为联邦，至多只能目之为准联邦。

（2）邦联（Confederacy）。邦联是由许多保留主权的分子邦所组成，只有邦联议会，而无统一政府，邦联议会的决议，只能通告各分子邦政府，而不能直接及于人民。故邦联没有政府，人民与主权结合不坚，不能持久，只是进于联邦的过程而已。美国在一七七六年到一七八九年、德国在一八一五年到一八六六年成立联邦前，曾采行此制，现在世界上甚少其例。

（3）事合国（Real Union）。事合国是主权分子国为处理特定事项，制定联合宪法，组成联合政府，其结合程度，超过邦联而不及联邦，一八六七年到一九一九年的奥匈联合王国，一八一五年到一九〇五年的瑞典与挪威的联合，现在丹麦与冰岛的联合，均属其例。

（4）身合国（Personal Union）。身合国或称"人合国"，是两个以上的主权国，共戴一人为君主，无其他联合组织，各国仍有其自己的政府与法律，主权不受任何损害。此项联合，在复合国中，最为薄弱。英国与汉诺威的联合，属于此种性质，至一八三七年维多利亚女王继承英国王位，因汉诺威不许女子为选侯，此项联合遂告终止；比利时与刚果联合，也属此种性质，至一九〇八年比国合并刚果，此项联合亦随之消灭；现亦甚少其例。

3. 部分主权国

部分主权国，是主权受某种限制，不能完全行使，但仍不失其相当地位的国家。此类情形不一，复可分为下列数种：

（1）被保护国（Protectorate）。凡一国被迫接受他国保护，叫做"被保护国"。被保护国与保护国的关系，建立于两国所缔结的条约之上，保护国享有条约所授予的部分主权，被保护国享有剩余的部分主权。被保护国仍为国际法的主体，而有其有限的地位。一九〇四年至一九一〇年韩国受日本保护，一九一四年至一九二二年埃及受英国保护，均属其例，现已绝迹。

(2) 附庸国(Vassal State)。凡一国行使主权,受到另一国的支配,叫做附庸国,有支配权的国家,叫做"宗主国"(Suzerain State)。附庸国在宗主国认许之下,可有部分的自由权,在国际间的地位,随其与宗主国的关系而异,殊无一定。一八八四年至一九〇一年英国对南非,今日苏联对其卫星国家,均属此种性质。

(3) 永久中立国(Permanently Neutralized State)。凡由列强缔结国际条约,公认并保障某一国家的中立,而此一国家则放弃侵略战争及缔结攻守同盟条约的权利,叫做"永久中立国"。永久中立国仍可设防及从事自主的外交活动,依旧有完整的主权,本不能称为"部分主权国",但在实际上,主权行使,究竟受很大限制,与完全主权国,显有区别,故列入此类。第一次世界大战前,瑞士、比利时、卢森堡都是,一九一九年比、卢两国宣布放弃中立地位,现只有瑞士一国。

(4) 托管地区。第一次世界大战后,国际联盟(League of Nations)依盟约设委托管制国(States under Mandate),如英国接受委托管治巴勒斯坦(Palestine),法国接受委托管治叙利亚(Syria)等是。第二次世界大战后,联合国(United Nations)依宪章设托管领土(Territory under Trusteeship),受托管者为下列三地区:一,昔在国联委托管治下的领土;二,第二次大战后,得自战败国的委托管治领土;三,自请托管的领土。托管者享有管治权,被管治者只有部分自治权。如英国接受托管英属喀麦隆,法国接受托管法属喀麦隆,美国接受托管太平洋群岛,澳大利亚接受托管新几内亚等是。

4. 特殊的联合组织

第一次世界大战以后,出现几个特殊的政治组合,既不类于上述各类的国家,又不类于一般的同盟。一般宪法学者或政治学者,复不能确定名称,划归种类,只有名之为特殊的联合组织①。而各个组织的性质又彼此不同,形成二十世纪的畸异现象。兹举其要者,析述如下:

(1) 苏联。"苏联"是"苏维埃社会主义共和国联合"(Union of Soviet Socialist Republics,缩写为 U. S. S. R.)的简称,以俄罗斯苏维埃联邦社会主义共和国(Russian Soviet Federal Socialist Republic,缩写为 R. S. F. S. R.,简称苏俄)为中心,自一九二〇年至一九二二年,苏俄先后与乌克兰苏维埃社会主义共和国(Ukrainian Soviet Socialist Republic,缩写为 U. S. S. R.,简称乌克兰)白俄罗斯苏维埃社会主义共和国(White Russian Soviet Socialist Republic,缩写为 W. R. S. S. R.,简称白俄)及外高加索苏维埃联邦社会主义共和国(Trans-Caucasian Soviet Federal Socialist Republic,缩写为 C. S. F. S. R 简称高加索)订结同盟条约,决定成立苏联,并组织委员会起草宪法。一九二四年宪法公布,苏联正式成立,同时除原始加盟之乌克兰、白俄罗斯、高加索外,又加入土谷曼苏维埃社会主义共和国(Turkmeniau Soviet Socialist Republic,缩写为 T. S. S. R.,简称土谷曼)及乌兹柏克苏维埃社会主义共和国(Uzbek Soviet Socialist Republic,缩写为 U. S. S. R.,简称乌兹柏克)。一九二九年复将塔兹吉克(Tazjik)升格加入联合为分子国。一九三六年宪法修订公布,又使外高加索之亚塞拜加(Azerbacja)、亚美尼亚(Armenia)、乔治亚(Georgia)三邦独立为苏维埃社会主义共和国,直接加入联合,并创设卡萨克(Kazak)、吉尔吉斯(Kirgis)两苏维埃社会主义共和国。一九四〇年与芬兰缔结和约,将所获得割让之领土,与卡列里亚(Karelia)自治苏维埃社会主义共和国合并,提升为加盟共和国(Union Republic)。截至此时止,以加盟共和国名义加入联合者,已达十一个分子国之多。同年,罗

---

① 参阅王世杰先生著《比较宪法》,增订第四版,下册第一一四页。

马尼亚割让与苏联之拜萨拉比亚（Bessarabia）与现存之莫达维亚（Maldavia）自治苏维埃社会主义共和国合并，提升为莫达维亚苏维埃社会主义共和国，同时将波罗的海之立陶宛、拉脱维亚及爱沙尼亚三国变为苏维埃社会主义共和国，一并加入联合，连苏俄本身，苏联遂成为十六个苏维埃社会主义共和国之庞大的联合。此外尚有若干所谓"自治苏维埃社会主义共和国"及"自治区"，其地位尚不能与加盟共和国平行，或附属于联合之内，或受治于加盟共和国之下。由此可见，苏联借联合之名，收统治之实，其组织复杂，非任何国家所可比拟。

苏联究为何种性质？世人有各种不同之见解：其一，有人以一九二四年《宪法》承认各分子国享有主权，可自由退出联合为理由，认苏联为邦联；但关于主权问题，依一九二四年《宪法》及一九三六年《宪法》规定，联合宪法效力最高，为行使主权的最高法则，而主权为不可分割者，既属于联合，即不属于各分子国，纵规定各分子国享有主权，亦不过形式而已；又关于各分子国可自由退出联合问题，依上述两宪法规定，联合对各分子国任何机关的决议或法令，均有停止或取消之权，如是，则各分子国虽议决脱退，亦属有名无实；由此种种法理与事实观察，苏联并不是邦联。其二，有人以苏联各分子国在事实上，既不能享有主权，又不能自由脱退，认苏联为联邦；但一般纯正联邦的产生，或由于历史传习，或由于地理环境，或由于利害相同，自然结合，其主要目的，在赋予各邦高度自治权或自主组织权，在国家统一原则下，各邦自由发展，而苏联则均属非是；且其成立之初，系以苏俄、乌克兰等四个独立国家所订立的条约为根据，纯正的联邦不能循此途径；此外，依一九二四年及一九三六年两宪法规定，各邦的主权由苏联保障，是则各邦主权，在事实上虽不能享有，在形式上却仍然保留，为一般联邦国家所无；依此种种，苏联亦不得认为是联邦。其三，有人以苏联系由条约成长，认其为同盟，但自一九二四年起,宪法具在,政府组织完备,法理与事实均不可通,显无采纳的余地。其四,有人以苏联政府权力集中,较之一般单一国有过之而无不及,因之直接认其为单一国;但此乃事实问题,联合的形式究不容抹煞,倘有人认其为"事实单一国",或较近似,倘直接称之为普通单一国,则牵强乱真,不能为理论所允许。综观上述,可见苏联既非邦联,亦非联邦,更非同盟或单一国,实为特殊的联合组织。结果,此一组织,性质至为复杂,不可以常理认定,其中分子国或能参加联合国组织,如苏俄、白俄罗斯、乌克兰等是,其他各分子国则否,实际则全以苏俄为中心,受其支配,是为苏联一大特色①。

(2) 不列颠国协。不列颠国协(British Commonwealth of Nations)的名称,一九二六年首见于英国有名的帝国会议中的《巴福尔报告》(Balfour Report)。当时英国各自治领地(Self-Governing Dominions),在英帝国以内,有成为独立自主的国家及其法律地位与英国"联合王国"(United Kingdom)完全平等的必要,故举行帝国会议,采用"国协"(Commonwealth)一词②,以求解决。自是以后,此一名词,日渐通行。至一九三一年,由英国国会完成立法程序,确认国协组织,此即所谓《西敏寺法》,复为国协各分子国所通过,不列颠国协遂正式成立。

国协的组成分子时有变化,一九三一年《西敏寺法》规定,除联合王国本身外,原承认加拿大(Canada)、澳大利亚(Australia)、纽西兰(New Zealand)、南非联合(Union of South Africa)、爱尔兰(Ireland)、纽芬兰(New Foundland)六个自治领地;一九三三年纽芬兰因财政困难,自动取

---

① 关于苏联,参阅:H. Finer, *Governments of Greater European Powers*, 1956, pp. 789-817. Ogg and Zink, *Modern Foreign Governments*, rev. ed, 1953, pp. 793-810. S. N. Harper and R. Thompson, *The Government of the Soviet Union*, 2nd ed., 1952, pp. 41-51。

② Commonwealth 本通用为"共和国",含有协和之意,故亦可用为国协。

消领地资格,并为加拿大的一省;爱尔兰则早因南北分裂,终未合并,只有爱尔兰自由邦(Irish Free State)参加,一九三七年爱尔兰自由邦又将Ireland英文名称改为Eire,称爱尔兰共和国(Poblacht nah Eiream),与英国脱离;"第二次大战"结束之初,半自治地区的缅甸(Burma)独立,一九四七年印度(India)及巴基斯坦(Pakistan),一九四九年锡兰(Ceylon),均由半自治地区升为国协中的自治领,取得独立国家的地位;一九五七年西非古老富庶的殖民地黄金海岸(Gold Coast)与联合国委托英国管理的西部多哥兰(Togoland)合并建立迦纳(Chana)共和国,成为独立国家,为不列颠国协的一员;以后,原为半自治地区之新加坡(Singapore)、马来联邦(Federated Malay States)、塞普路斯(Cyprus),原为保护地之索马利兰(Somaliland)、奈几利亚(Nigeria)等,相继独立,多成为国协的分子,享有外交自主权,在联合国中均以独立主权国地位参加。虽然英国对于此外的他种地区,尚未完全放弃,但因民族自决已成为当前政治运动的主流,不列颠国协仍将继续变化,可以断言。

国协的性质,亦颇难说明,依《西敏寺法》的要点:(1)由联合王国与各分子国派遣代表自由组成"不列颠国协会议"(The Free Association of the Members of the British Commonwealth of Nations),各分子国保有自由脱离之权;(2)以英王为国协的象征,各分子国对于英王,负有相同的效忠关系,为其团结一致的基础;(3)为尊重各分子国在国协内的既定法律地位及彼此间的关系计,以后凡关于王位的继承及尊称,在法律上如有任何改变,均应由各分子国国会认可;(4)英国国会所通过的法律,除各分子国愿意自动采用外,不得再施行于其他分子国;(5)国协会议所达成的声明与决议,应由英国国会制成法律颁行,再由各分子国国会批准,以确立其权威;(6)所有各分子国的国会,享有制定法律全权,不受其他任何限制;(7)联合王国与各自治领地,均为国协的分子国,两者地位完全平等,俱为独立自主享有完全主权的国家。依据上述要点观察:第一,国协不是联邦,因联邦必有强有力的联邦政府,联邦法律必高于各邦法律,联邦国之邦虽有自主组织权,但无主权,亦不能自由脱离,凡此种种,国协均与之相反,迥然有别;第二,国协不是邦联,因邦联大都是由条约构成,邦联的中央政府权力,虽然微弱,但究竟有一中央政府,能行使若干权力,此与国协系自由组成,自治领之上,根本无中央政府,又显然不同;第三,国协不是真正的身合国,倘仅就英王为团结的象征而言,国协似与身合国相近①,但真正身合国的分子国间,除共戴一个君主外,并无其他关系,而不列颠国协的分子国间,不仅有历史上的关系,且常举行国协会议,此外尚有国籍、外交、司法等种种特殊关系②;即专以共戴君主的问题而论,国协与一般身合国的情形亦不相同,因一般身合国共戴君王,多是偶然的发生,而国协之共戴英王,乃是《西敏寺法》所规定,较之真正的身合国,亦显然有别。综观上述,可见不列颠国协既非联邦,又非邦联,亦非真正的身合国,为保持真相,不必牵强附会,亦应视之为特殊的联合组织③。不过此一组织,只是若干主权国家的结合,其本身并不具有国家的性质,因之亦不影响各分子国的地位,各分子国仍得秉其本质,自由发展,是为不列颠国协与苏联重要不同之点④。

---

① Alfred Zimmern 在其所著 *The Third British Empire* (1927) 书中,曾谓大不列颠与自治领地间的关系,与往昔英国和汉诺威的关系相似。
② 关于国籍问题,依一九三〇年的帝国会议,国籍在原则上是各个的,但同时又协议维持向有的不列颠共同国籍;关于外交问题,自治领地与不列颠联合王国及各分子国相互间,无正常的使节往还;关于司法问题,各自治领地的诉讼案件,固可独自处理,作最后决定,但亦有向伦敦枢密院司法委员会上诉者;此外,国防、经济等亦尚有若干特殊关系。
③ 英人 Keith 在其所著 *The Constitutional Law of the British Dominions* (1933) 书中,曾作此说。
④ 关于不列颠国协,参阅: A. B. Keith, *The Constitutional Law of the British Dominions*, 1933; R. G. Neumann, *European and Comparative Government*. 2nd ed., 1955, pp. 136-148; Ogg and Zink, *Modern Foreign Governments*, rev. ed., 1953, pp. 378-402。

（3）法兰西联合与法兰西协合国。法国原为一典型的单一国，且为一广大的殖民国，向采中央集权制度，与联邦主义本不相容。但自第二次世界大战后，民族主义勃兴，殖民地纷纷要求独立，大势所趋，莫可遏止，法国为应付剧变，故于《第四共和宪法》有"法兰西联合"的设置，借以维持殖民地的存在。所谓联合，是法兰西共和国与其属邦（Les Etats Associe's）的联系，前者包括法国本部各省及海外地区，后者则为以条约与法兰西共和国联合的邦国。海外地区与法国本部各省有相同的法律地位，联合邦国与法国本部的关系，则大致如联邦国家的各邦。但联合基础脆弱，未能造成真正的联邦，只形成类似的邦联，而又不完全同于邦联，因邦联的分子邦有同样的主权，而法国的属邦并非主权国家。战后数年间，除越南、高棉、寮国、突尼西亚、摩洛哥等属邦相继独立外，连海外省之阿尔及利亚等重要地区，亦发生问题，第四共和竟因之倾覆。第五共和成立，为解决此问题，故于新宪法上，又有"法兰西协合国"（Communauté）①的设立。

协合国的组织，就对于法兰西共和国政府言，采双重政府制（Double Governmental System）。协合国设置总统、行政会议（Conseil Executif）、参议院（Senat）及仲裁法院（Cour Arbitrale）。协合国总统由法兰西共和国总统担任，代表协合国。行政会议由法兰西共和国国务总理、各分子国政府首长及协合国共同事务部部长组织之，以协合国总统为主席，以谋各分子国行政的合作。参议院由法兰西共和国国会及各分子国议会选出的代表组织之。各分子国所选出代表的名额，应视人口多寡及其对协

---

① Communauté 一词，本作"公众""团体"或"集体"等词解释，因之有人略循法国第五共和采用此词的大意，译为"集团""联合""邦联"或"联邦"等名称，其实均不相像，且上述数种名称，各有界说，已成定型，随便引用，易滋误解，故特译为"协合国"，似较适合而易区别。

合国所负责任之轻重而定。参议院每年举行会议两次,每次会议不得超过一个月。参议院审议共同经济财政政策,并讨论与协合国有关之重要国际条约及措施。协合国各分子国间若有纷争,由仲裁法院裁决之。仲裁法院的组织及其权限,以组织法定之。除上述协合国本身组织外,新宪法亦规定任何国家愿与法兰西共和国或协合国共同联合以发展其文明者,共和国或协合国得与之结成联盟。

协合国的性质,依《第五共和宪法》规定,海外属地有三种选择:一,仍保留其在共和国内的现在地位;二,依其自己议会的议决,成为法国的一省;三,依其自己议会的议决,加入法兰西协合国,成为"分子国"(Etats membres)之一,各分子国得自由处理内政,而协合国的权限,则限于外交政策、国防、货币、共同经济财政政策、战略物资之开发、司法、高等教育、对外共同运输与通信等事项,但得依特别协定,增加协合国权限,或将协合国权限移转于各分子国。据此规定,协合国既不同于真正的联邦或邦联,又不完全同于第四共和的联合及不列颠国协,亦不同于苏联,另是一种特殊的联合组织,其本身仍未成为国家,在原则上亦不改变分子国的地位与性质,只是期图加强结合,灵活运用,便于维持海外属地及应付剧变而已。

二、国体与政体的区别

国体与政体的区别,随时代而异。古代学者对此两者,多视为一事,未明白划分。最初,希腊学者谢罗多图斯(Herodotus, B. C. 484—426)以统治者人数多寡为国体或政体分类的标准:统治者一人,为君主国(Monarchy);统治者少数人,为贵族国(Aristocracy);统治者多数人,为民主国(Democracy);学者称为三分法。其后,柏拉图(Plato, B. C. 427—

347）改用五分法：一人依法统治，为君主国（Royalty），否则为暴君国（Tyranny）；少数人依法统治，为贵族国，否则为寡头国（Oligarchy）；多数人统治，无论依法与否，均为民主国。亚里士多德（Aristotle，B.C. 384—322）又用六分法：凡为公众谋利益者为正当形态（Pure Form），在此形态下，统治者一人，为君主国（Royalty），统治者少数人，为贵族国，统治者多数人，为民主国；反之，凡为私人谋利益者为腐败形态（Corruyst Form），在此形态下，统治者一人，为暴君国，统治者少数人，为寡头国，统治者多数人，为暴民国（Ochlocracy）。至罗马时代，鲍里贝士（Polybius，B.C. 204—122）又采用七分法：一人由人民拥戴而行善政者，为君主国，否则为暴君国；少数人因才德出众，由人民推举而得政权者，为贵族国，否则为寡头国；多数人能崇神尊亲敬老守法而又遵从众意者，为民主国，否则为暴民国；最良的政治组织是融合君主、贵族与民主，而成为混合政体（Mixed Government）。至中世纪末期，马凯维尼（Machiavelli，1469—1527）又用二分法：先将国体或政体分为君主（Monarchy）及共和（Republic），再将共和分为贵族及民主，君主国败坏，可变为暴君国，贵族国败坏，可变为寡头国，民主国败坏，可变为无政府（Anarchy）。以上各人的分类方法，均有两个标准：一以统治者人数多寡为标准，略具国体分类的意义，二以统治者统治形式为标准，略具政体分类的意义；但古今异势，不足为现代国体与政体区别之用。

至十六世纪，法国人布丹（Bodin，1530—1596）对国体与政体，乃有进一步比较明显的区别。布氏认国体与政体不同：国体是由主权的归属而异，主权在一人，为君主国，主权在少数人，为贵族国，主权在多数人，为民主国；政体是依主权行使的方法而异，主权由一人行使，是君主政体，主权由一个阶级行使，是贵族政体，主权由一切阶级行使，是民主政体。但布氏以主权者人数多寡为国体与政体分类的标准，从现代实际政治制度观察,似仍不甚切合,因现代君主国多采用内阁制,君主徒拥虚位,实权属于内阁,甚至内阁首领,大权在握,而变为独裁;民主国常采用总统制,总统握有实权,其权力在正常状态下,固已超过内阁制下的君主,在畸形发展下,亦可变为独裁。所以现代国家,形式上是君主国,实际上可能是民主政体,如英国是,亦可能是独裁政体,如二次世界大战前的意大利是。因此,布丹的分类标准,仍不足为现代国体与政体区别之用。

现代国体与政体的区别,应依实际施行的政治制度立论。国体是国家的形态(Form of State),其区别可以国家元首的性质为标准:凡国家元首享有君位继承,实际负责,不可侵犯,特殊荣誉及家室经费等特权之君主者,为君主国;凡国家元首不能享有君主特权而由人民选举之总统或主席担任者,为民主国。政体是政府的形态(Form of Government),其区别可以治权行使的方式为标准:凡治权之行使,必须尊重民意及服从法律,倘有违背,又必须负责者,为民主政体;凡治权之行使,不受民意及法律拘束,倘有违背,又不须负责者,为独裁政体。不过在实际应用上,今日一般学者及宪法,对国体与政体的用语,犹未能趋于一致,学者应依据实际情况,善为识别之[1]。

三、国家体制在宪法上的规定

依据上述,可见国体、政体及立国的原则或主义,均为国家体制重要的内容,欲建立何种国家,必须有明白的表示。现代各国宪法,对此诸大

---

[1] 关于国体与政体,参阅:萨孟武先生著《政治学》,增订新版,第二章第一节。邹文海先生著《政治学》,增订新版,第七章及第九章。

端,无不特别重视,不过表示的方式不一,或明定于总纲之上,或散见于条文之中,兹略分述如次:

(一) 国体在宪法上的规定

国体明定于宪法之上者,为数最多,几无例外,如《美国宪法》序文明定为合众国,《瑞士宪法》序文及第一条明定为联邦国,法国《第四共和宪法》第一条明定法兰西为一不可分的超宗教的民主社会共和国,法国《第五共和宪法》第一条及第二条分别明定为"协合国"(Communauté)及"共和国"(Republique),意大利新《宪法》第一条明定为民主共和国,《土耳其宪法》第一条明定为共和国,《泰国宪法》第一条及第二条明定为单一的立宪的君主国,西班牙《元首继承法》第一条明定为王国,《日本宪法》第一条规定"天皇为日本国的象征及日本国民统治的象征,其地位基于主权所在之日本国民的总意",不啻明定为虚君的及主权在民的君主国。凡此均为国体明定于宪法总纲之上者,其他实例尚多,不胜列举。至于以国体散见于宪法条文之中者,如英国、比利时等宪法皆是。

(二) 政体在宪法上的规定

政体明定于宪法之上者,亦复不少:美国宪法虽未明定联邦应采何种政体,但《宪法》第四条第四项规定"合众国应保证全国各州实行共和政体";法国《第四共和宪法》第九十五条明定"修改宪法,不得以共和政体为对象";法国《第五共和宪法》第八十九条复有同样的规定;意大利新《宪法》第一三九条明定"共和政体不得为宪法修改的对象";《菲律宾宪法》序文明定为自由及民主的政体;《巴西宪法》序文明定为民主政体;《巴拿马宪法》第一条明定其政体为共和、民主及代议制。凡此均为政体明白规定于宪法之上者。其实,政体与整个制度关系密切,纵无明白规定,亦必包含于宪法之中,所以很多宪法,未特立条款,皆于有关制度中表示之。

（三）立国的原则或主义在宪法上的规定

现代各国，因事实上的需要，或理想上的追求，往往以立国的原则或主义入宪，如：法国《第四共和宪法》第一条"法兰西为一不可分的，超宗教的，民主社会共和国"，第二条"共和国以自由、平等、博爱为铭志"，"共和国以民有、民治、民享的政府为基本原则"，《第五共和宪法》第二条有类似的规定；意大利新《宪法》第一条"意大利为基于劳动的民主共和国"；《土耳其宪法》第二条"土耳其为共和主义、民族主义、民权主义、国家社会主义、政教分离主义及革命主义的国家"。凡此均为立国的原则与主义入宪的明例。有人对此体例，表示异议，亦有人表示赞同，实则各有短长，未可一概而论。有此固定的原则或主义，行之过久，不易适应时代，或者是其所短；行之变革之初，齐一人民意志，未始非其所长。

第四节　人民

一、人民的意义

人民是国家构成的第一个要素，可谓为"人"的要素，指国家中所有自然人而言，不问男女老幼均包括在内。因国家是人类有政治组织的社会，不能离开人类而存在。所以国家必须有人民，没有人民便没有国家，一个无人生存的荒漠地区，不得称为国家。至于人口的多寡，则无一定的标准。亚里士多德主张一个国家的人口，以一万至十万之间为最宜；卢梭主张以不超过一万为相当。然此只是他们两人的理想，决不适合今日的情况。今日世界各国人口,多者超过一亿达数亿,如中国、印度、苏联、美国等是;次者达数千万,如英、法、德、意、巴西、日本诸国是;少者亦往往达数百万,如瑞士、比利时、荷兰、挪威、瑞典诸国是;最少者则又仅有数万或数千,如欧洲的摩洛哥(Monaco)、安道拉(Andorra)等是。由此可见,国家构成的"人"的要素,只是以人民的有无为要件,而人口的多寡,并无一定的限度。

二、人民与国民、公民及民族

人民在公法上,因法律关系及政治运行等情形不同,除上述一般意义外,尚有国民、公民及民族之特殊的意义:

(一) 国民

凡人民具有本国国籍,在公法关系上,而为国家总体构成之分子者,是为国民。所以人民与国民,不完全相同,国民都是人民,而人民却未必全为国民,例如丧失国籍的人民居留于某一国家者,则为该国家之无国籍的人民。故人民欲为某国国民,必须取得某国的国籍。人民取得国籍的方法有二。一为固有国籍,又可分为数种:1. 血统主义,即以血统相传为原则,子女的国籍,依其父母的国籍而定,如德、奥诸国是。2. 出生地主义,即以本人出生地为原则,在某国出生,即取得某国的国籍,如阿根廷、智利诸国是。3. 并合主义,即兼采上述两种主义,复可分为两项:(1)以出生地主义为主,以血统主义为辅,即依本国法律规定,凡生于本国的子女,取得本国国籍,但本国人的子女,虽生于外国,仍认其为本国人,如美、英诸国是;(2)以血统主义为主,以出生地主义为辅,即子女的国籍,依其父母的国籍而定,但生于本国内之外国人的子女,倘合法定条件,亦认其取得本国国籍,如法、日诸国是。二为传来国籍,亦有数种:

1.由于婚姻,甲国人为乙国人之妻者,取得乙国籍,但依甲国法律,保留国籍者,不在此限。2.由于认知,由父或母认知者,取得认知者的国籍。3.由于收养,甲国人为乙国人收养为子女者,取得收养者的国籍。4.由于归化,外国人或无国籍人,经本国许可而归化者,取得本国国籍。现代各国,关于传来国籍,大率采此规定。至于国籍之得来,由何种法律规定,各国立法颇不一致:有规定于宪法者,如美国《宪法增修第十四条》第一项及《巴拿马宪法》第八条至第十八条是;有规定于民法者,如法、奥诸国是;有规定于单行法者,如德、日之国籍法是。此外,关于国籍之冲突问题,则属于国际私法范围,宪法甚少论列。

（二）公民

凡属国民,在公法关系上,更具特定条件,而为国家权力行使之主体者,是为公民。所以国民与公民,又不完全相同,公民全为国民,而国民却未必全为公民,因国民尚须具备特定条件,方能取得公民的资格。国民取得公民的资格,各国制度不一,而时代的先后,尤有很大的差异。在历史上,公民资格的取得,颇非易事。欧洲在十八世纪以前,各国多采行专制政治,君主是国家权力行使的主体,人民只有国民的身份,而无公民的身份。国民是国家权力施行的对象,即国家的法律与命令行使的客体,是消极的地位,国民居此地位,只有服从的义务。至英、美、法民主革命之后,始有所谓公民出现。公民是国家权力的建立者,即国家的法律与政府创造的主体,是积极的地位,公民居此地位,乃有主动的权利。由是公民具有两种身份,一方面是治人,同时是治于人,以形成近代民主政治的特色。不过,当公民初出现之时,尚有种种限制,如财产、教育、种族、性别等条件,限制甚严,公民权犹未普及。以后复经人民不断的争取及时代的进步,各种限制,始逐渐放宽或改进。故至现代,除极权国家外,多数国民均能同时取得公民的资格,其最重要的限制,厥为法定的成年年龄,为各国所通用;其余如住居未达一定期间者,触犯刑法而被褫夺公权者,受禁治产之宣告尚未撤销者,患精神病者,则为特定对某一个人的限制,各国规定迄未一致,如英国公民行使选举权即无住居的限制,是其明例。

(三) 民族

凡一群人民,具有相同的心理条件,换言之,即一个人群,具有共同的历史、命运及生活关系,而形成同类意识者,是为民族。所以民族与人民不同,一个民族可以散布在若干国家,如拉丁民族、斯拉夫民族、阿拉伯民族、盎格鲁-撒克逊民族等是;而构成国家的人民,也不必限于同一民族,如中国有汉、满、蒙古、回、藏、苗等民族;比利时有佛拉曼(Flamandes)及瓦龙(Wallons)两个民族;瑞士在相近五百万人口之中,有百分之七十二是德国人种,讲德语,百分之二十是法国人种,讲法语,百分之六是意大利人种,讲意大利语,百分之二是其他种族,讲各种语言,也能成为一个国家。因为国家的构成,是以人为单位,不是以民族为单位。不过民族具有潜在的力量,与人民及国家关系密切,在复式民族国家中,民族间的相处,必须善为调和,然后对于人民的团结与国家的生存,始能不发生民族问题。相处之道,民族平等,实为第一要义。纵为少数民族,亦不能稍有歧视。必如此,然后才能合民族为国族,而臻于长治久安之域。孙中山先生提倡民族主义,主张对外求国家的平等,对内使各民族一律平等,确为适应时代需要,不可违背的原则。

三、人民等问题在宪法上的规定

《美国联邦宪法》关于人民、国民、公民等问题,原多散见于有关条文之中,更于一八六八年《宪法增修第十四条》第一项作具体的规定:

"凡出生或归化于合众国并受其管辖之人,皆为合众国及其所居之州的公民。"于此可见保护之周到。《瑞士宪法》第四十四条(一九二八年修正),关于人民之保护、国籍之得丧及公民之权利,规定颇为详细。《比利时宪法》第四条第一项"比国国籍之取得、保留与丧失,依民法所定之规则",此明示国籍另由民法规定者;同法第五条"归化由立法机关核准之,惟全部归化得使外国人在政治权的行使上,与比国人平等",此表示尊重归化之意;同法第二十三条"比利时境内之语文,均得任意采用……",颇含有保护民族之意。西德《基本法》第十六条"一,德国人民之国籍,不得剥夺之,国籍丧失如系违反当事人之意思,根据法律始得为之,但以该人不因此而变为无国籍为限;二,德国人民不得引渡于国外,因政治理由被迫害者,享有庇护权",保护严密,颇具特色。意大利新《宪法》第二条"共和国承认且保障每个人之不可侵犯权,及各人在发展个人人格之社会组织中之不可侵犯权,并要求各人履行政治、经济及社会联带之不可避免的义务";同法第三条"一切人民均有平等之社会尊严,在法律前,不分性别、种族、语言、宗教、政见,或个人及社会条件,一律平等;凡经济秩序与社会秩序,事实上限制人民之自由平等,妨碍人类之充分发展,并妨碍一切劳动者能实际参加国家之政治、经济及社会组织者,其障碍之废除为共和国之任务";同法第六条"共和国以适当法律保护少数语言部族";凡此规定,均极具体而新颖,为现代宪法创立特例。法国《第五共和宪法》第一条"共和国及海外属地人民,依其自由决定之行为,采用本宪法,并组成'协合国';协合国以协合国内一切人民之平等及团结为基础组成之";同法第二条第一项"法兰西为一不可分的,非宗教的民主社会共和国;共和国保证全体公民,不分人种、种族或宗教,在法律之前,一律平等;共和国尊重一切宗教信仰";同法第三条第四项"一切法国公民之成年男女,凡享有民权及政治权者,于法律规定之条件下,皆为选举人";同法第七十七条"在本宪法下所组成之协合国,分子国享有自治权;各分子国依民主自由原则,管理其行政,并处理其事务;协合国人民有同一的国籍;一切公民,不分人种、种族或宗教,在法律上一律平等,其所负义务亦相同";由此可见,法国第五共和国虽有协合国的组织,但协合国分子国的人民,有同一的国籍,同为法国人,同受法国法律的保护与支配。《泰国宪法》第一条"泰王国乃一整体不可分,泰国国民不分人种或宗教,均享本宪法保护之权利",泰国虽为一王国,但保护人民的原则,仍首被揭橥。故现代各国宪法,对于有关人民等问题,无不予以规定,不过规定的内容与形式,各有不同而已。

第五节　领土

一、领土的意义

领土是国家构成的第二个要素,可谓为"物"的要素,指国家主权所能行使的范围而言。国家必须有领土,倘国家有主权而无领土,则主权无行使的领域,便不能成为国家;因国家主权只能行使于世界中某一地区的特定之人,而不能行使于所有的人类,倘无一定地区,便无特定之人,主权便无行使的对象,国家便根本不能存在。所以有些公法学者如霍尔(Hall)、狄骥(Leon Duguit)等主张固定疆域不是国家必要的条件,不为多数学者及一般国家所采用。往昔的属人主义已为现在的属地主义所代替,如古代的游牧民族及现代的流亡政府,只能认为是民族,而不能认为是国家。现代的国家,除拥有人民及主权之外,必须占有一定的土地,称为领土。领土是国家行使主权必要的条件,从积极方面说,主权者对于领土内的一切人和物及领土本身行使管理权,并排除其他主权者在其领土之内行使管理权,是为领土管理权的独占性,倘同一土地之上,同时有多数主权者行使管理权,必将发生领土纠纷,不易解决,惟国际法上的"共管领地"(Codominion)及"国际地役"(International Servitude),属于例外①;从消极方面说,主权者虽有独占性的领土管理权,但私人的土地所有权仍得存在,因后者在前者管理之下,两者性质各异,并不冲突,不能混为一谈。此外,局部领土的割让,固为国家不幸的事件,但非绝对不可能之事,因部分领土的割让,只是主权行使范围的缩小,不是主权整个的消灭,国家仍可继续存在。

二、领土的范围

近代所谓领土,不过以陆地为主,并不以陆地为限,实包括在下列各项:一,领陆,是国境以内所有的陆地,无论地面或地下,皆包括在内;二,领海,是领陆附近的海面,往昔国际公认退潮时距离海岸线三海里以内为领海,过此则为公海,晚近有主张延长其距离者,尚未获得国际的公认;三,领川,是领陆之内的湖泊及河流;四,领空,是领陆、领海、领川的

---

① 共管领地,是两国以上共同争夺同一领土,而又无法解决时,采取共管方式,以求暂时妥协之谓。此种方式,违背领土主权原则,易酿成纷争,如英国与埃及共管苏丹是。国际地役,是国际间根据条约规定,对于一国领土的全部或一部分享受地役权之谓。接受此种条约规定的国家,其领土主权亦受限制,如允许他国在国内建筑铁路、开掘运河、设立关税、军队过境及常川驻扎等是。

上空,过此以后为公空。合领陆、领海、领川及领空,而为领土,是为一国领土的基本部分;此外,一个国家的驻外使馆与军舰,在国际法上,亦承认其为所属国家的领土,是为一国领土的延长部分。宪法上的规定仅及于前者,后者属国际法范围。

三、领土在宪法上的规定

现代国家,除极少数如法国第三共和及日本等国外,关于领土,在宪法上多有明文规定,规定的内容,通常包括下列数问题:

（一）领土范围的认定

此项认定,又有三种方式:1.列举方式,即将国家所有的领土,一一列举于宪法之上。如《瑞士宪法》第一条,列举二十二州的名称;西德《基本法》第二十三条,明定本法暂先适用于巴登等十二邦,并列举其名称;《意大利宪法》第一三一条,明定设立皮蒙特等十九州,并列举其名称;均其显例。此方式,明确固定,易引起国民的爱护及国际的尊重,并表示无扩张领土的野心,是其优点;琐碎板滞,易滋遗漏,且因行政区域的变更,而有修改宪法的烦渎,是其缺点。2.概括方式,即对领土的有关问题,仅作简单原则性的规定。如美国《宪法》第四条第三项,仅规定国会有管理领土及制定有关领土法规之权;法国《第四共和宪法》第二十七条,仅规定有关领土的让与、交换及合并,非经法律批准及有关人民的允诺,不生效力;法国《第五共和宪法》第五十三条的规定,略与《第四共和宪法》同;《巴拿马宪法》第三条及第五条,仅规定领土的疆界及划分等原则;《菲律宾宪法》第一条,仅规定依据条约所定之疆界及现行管理之土地。凡此均为概括规定的实例,现代各国,采用此方式者,为数最多。论其优劣,大致可谓与列举相反。3.列举与概括并合方式,即一方面列举领土的名称,同时又对其他问题作概括的规定。如《比利时宪法》第一条至第三条,规定比利时划分为省,并列举其名称,同时对于省区的增多,殖民地、海外属地或保护地的管理,以及疆域的变更或修改,作原则上补充的规定;又如国民政府《五五宪草》第四条,上段列举各省名称,下段概括规定固有的疆域;均属于此类。此项方式,因规定的内容复杂,优劣互见,各国用者较少。

(二) 领土变更的限制

领土不可分割,不可变更,为现代国家确守的原则。但遇有意外非有变更不可时,则须有严格的限制。现代国家宪法,限制的方法有二:一为法律限制,即领土变更,非行政机关所能为,必须立法机关依立法程序通过领土变更法案,始得为之,如比利时、荷兰等国是;二为宪法限制,即领土变更非行政机关或立法机关所能为,必须修宪机关依修宪程序,通过领土变更议案,并须依照修宪公布方式公布,始得为之,如"二次大战"前的德意志及捷克等国是。两种方法,后者较前者为严。

(三) 领土区域的划分

领土区域的划分,乃在国家现存领土范围内,为施政便利,而作适当行政区域的划分,并无领土增减的现象。故现代各国宪法,多采法律限制方法,如比、法诸国是。

第六节 主权

一、主权的意义

主权是国家构成的第三个要素,可谓为"法"的要素,借以表示国家在法律上所构成的人格,国家无主权或主权不完整,则国家无独立人格,不得称为独立国家。故现代国家,对于主权,均极端重视,各国宪法,大都有明文规定。不过主权乃抽象名词,历代学说不一,各国观点不同,欲明了主权的内容,除上述的概括意义外,必须于主权学说的演进及主权的特性与实际运用中求之。

二、主权学说的演进

主权一词,是由西文 Sovereignty, Souveraineté, Souveränetät 一字移译而来。西文此字源出拉丁文 Superanus,含有"最高"或"较高"之意。因之今人解释主权,遂往往称为国家的最高权力。但主权成为学说及其内容的修正,则又随时代的变迁而逐渐演进。兹略分述如次:

(一)君主主权说

主权的思想固可远溯于希腊时代,如亚里斯多德认"国家是最高的团体,其他的团体皆隶属于国家",隐约含有国家是主权团体之意;其后,罗马教会、神圣罗马皇帝、各国君主、封建贵族、自由城市及其他职业组合等,常互争雄长,欲取得控制其他团体的权力,似亦可认为含有争夺主权的意味;但均隐约含蓄,未提出主权学说。故近代政治学上的主权说,实成立于十六世纪法人布丹(Jean Bodin, 1530—1596)。中世纪末叶,欧洲承混战之后,新兴的民族王国崛起,旧有的封建势力仍在,同时新旧教冲突无已,政治秩序混乱,安定与生息乃是人民最迫切的要求,当时思想家,为欲满足此要求,在理论上势必主张提高新王国的权力,以巩固其基础,于是布丹的主权说乃应运而生。布丹于一五七六年发表其所著《共和六书》(Six Livres de La République),主张国家有主权,主权对内具有最高性,可发布法律,以普遍拘束一国以内的人民,而主权本身则不受法律的拘束;主权对外具有独立性,不受其他任何国家或任何人的支配,即国内宗教问题,亦不受教皇干涉。不过主权虽是国家最高的权力,并不是绝对不受限制的,仍须受自然法(Natural Law)、神意法(Divine Law)的限制,所以主权亦不得侵犯私人财产及破坏契约。是为布丹的主权说。至于主权由何人或何种机关行使,布丹对此问题并未作肯定的说明。至十七世纪,英人霍布斯(Thomas Hobbes, 1588—1679)主张国家定于一尊,认主权是君主大权,人民虽订立契约而建立国家,但此契约不能限制所拥戴的君主,因就理论言,人民订约时还没有君主,故君主不是订约的一造,自不受契约的拘束;同时,君主既是至尊无上,诸如自然法、神意法,亦不能限制君主。至此,主权学说遂成为最彻底的君主主权说,为后世主权无限说肇其端倪。此说在实际政治上的发展与流弊,法君路易十四"朕即国家"之语及其他若干大君主的专制政治,可为代表。

(二) 人民主权说

君主主权说既发展为君主专制,一般思想家乃起而修正,人民主权说遂代之而兴,其中最著者为十八世纪的法人卢梭。卢氏认主权为有限制的权力,主张运用主权之人,应由君主变为全体享有人权的人民,而人权便是主权的限制者,为后世主权有限说,启其端绪。至全体人民如何运用主权,卢氏假定国家中有"总意志",由总意志运用主权,乃是人民主权的要义。总意志又如何运用,卢氏更假定有三个要件:(1)人民必须参加讨论;(2)讨论的对象必须为全国的公共问题;(3)个人发表意见时必须站在公的立场。这便是卢梭人民主权说的纲领。因假定微妙及条件困难,学者曾聚讼纷纭,莫衷一是。但卢梭将人民的主权与政府的治权明白分开,全体人民的总意志运用主权,政府运用治权,成为后世民主政治的重要原则,其贡献与影响,殊未可忽视①。

（三）议会主权说

继美、法革命之后,产生许多民主国家,皆采用代议制度,并未由全体人民来决定国是。因之十九世纪初叶,奥斯汀(J. Austin)倡议会主权说,认会至高无上,应为国家的主权者;就英国而言,法律是议会所制定而由国王公布,英国的主权,属于国王与议会(King in Parliament);在其他国家,以宪法为最高准则,主权即属于制宪会议。这便是奥斯汀议会主权说的论据,故又称法律主权说。其实奥氏此说,或能说明当时英国的情况,并不能适用于他国。不过奥氏将主权所生,从不明确的总意志移转到明确的造法机关,有其相当的价值。

（四）国家主权说

十九世纪,德国四分五裂,对内不能统一,对外不能独立,因之德人黑格尔(Hegel,1770—1831)等又倡国家主权说,谓主权属于国家本身,而不属于国民个人,国家是一个法人,有人格与意志,可以为主权的主

---

① 卢梭的主张,详见所著 *Contrat Social* 书中。

体,国家行使主权,不受其他权力的限制,故又称主权无限说①。此说流弊更大,因国家是抽象的,代表国家必为一个机关或个人,因之,此机关或个人便可假借国家的名义,而流于专制或独裁。二十世纪初期,德、意等国的极权政治,是其实例。

(五) 多元主权说

以上都是一元主权说。至十九世纪末叶,思想的潮流改变,许多人认为国家纵有主权,此主权亦必须由许多方面来运用与限制,这便是多元主权说。此说主张最力者,有法人狄骥、荷人克拉伯(Krable)、英人拉斯基(H. J. Laski)等②。狄骥基于法律观点,否定传统的主权观念,倡"社会联立关系说"(Solidarité sociale),认法律必须合于社会的连带关系,然后推行时方能顺利有效;而社会的连带关系,是社会各界人士的活动所建立,并非国会所能决定。克拉伯的观点,大体与狄骥相同,倡普遍正义感说,认法律不过表现社会的普遍正义感,立法机关决不能制定违背普遍正义感的条文;而普遍正义感,全社会的人士均有贡献,决非造法者可以独裁。拉斯基基于人类谋求福利的观点,倡团体主权说,认人类为满足生活需要,因而组织各种团体,国家是团体的一种,与团体立于同等地位,一切团体均可互相影响,共谋福利。国家可制定法律,拘束其他团体;其他团体亦可压迫国家,通过某种法律。所以一切团体,在其组织、职权及活动机能范围内,均各有其主权。凡此均针对一元主权说而

---

① 主权无限说,可以黑格尔(Hegel)与柴西克(Treitschke)为代表,其议论详见:Hegel, *Die Grundlinien der Philosophie des Rechts*(英译名 *The Philosophy of Rights*); Treilschke, *Politik*(英译名 *Politics*)。

② 狄骥亦主张主权有限说,但彼对于历来的人权说,表示不满,别创所谓社会联立关系说,其议论详见所著 *Traité de Droit Constitutionnel*。克拉伯亦以法律效力方面,反对主权无限说,其议论详见所著 *The Modern Idea of the State*。拉斯基的意见,详见所著 *Studies in the Problem of Sovereignty* 及 *A Grammar of Politics*。

发,或否定主权观念,或扩大主权基础,借免假借主权之名,而行独裁之实,晚近民主思想的趋向,可以想见。

三、主权的特性与实际运用

除多元主权论者外,关于主权的特性,在理论上大致相似,在实用上则又有特殊解释。兹略析述如次:

（一）永久性

主权的永久性,或称持续性,就是说主权有长久持续的特性,与其所附着的国家有同样的寿命,国家存在一日,主权即存在一日。因之一般主权论者,多主张主权在实际运用上,对国家内部的关系,凡人民发生革命,政体发生变革,政府改组或元首易人,主权均不因之而中止或消灭;对国际间的关系,只要依法所订立的条约或协定,国家均须遵守,不因任何变动而废弃其权利或义务。不过主权的行使,无论对内或对外,均以合法为前提,倘对内为非法组织,对外为秘密协定,均不能发生法律上的效力,且根本不得谓之主权。

（二）普遍性

主权的普遍性,或称周延性,就是说主权有无所不包的特性,凡国家领土以内的人和物,均为主权所支配,而不能有所例外。因之,在实际运用上,国家对内是完全统治的,而不许其他任何方面的分占;对外是绝对独立的,而不受其他任何国家的干涉。不过近代国际,适用平等互惠的合作原则,如为外交礼貌而允许友邦使节有治外法权,为国际交通的安全而承认国际地役等,均不得谓为破坏主权的普遍性。至于领事裁判权及内河航行权等,性质不同,不属于平等合作的范畴,基于主权普遍性的观点,不能允许其存在。

(三) 最高性

主权的最高性,或称不可限性,就是说主权有最高无上而不可限制的特性;因主权的重要作用为制定法律,以拘束国内一切人的行为;倘主权受有限制,即不是最高权,也就不能发挥最高的作用,那就等于无主权,无主权必陷于混乱,因此,主权必须具有最高性,不能受有限制,否则,即不得称为主权。所以在实际运用上,主权是国家的最高权,不受任何限制,含有最后或最终之意,国家中各个人、各社团以及各级政府机关的活动,均受主权者最后或最终的裁定。不过在若干场合,尤其在国际政治上,国家应自动自发,采取主权自限的原则,即主权者不能有侵略的权利,对国际条约或协定,有遵守及履行的义务,此种限制,是国家出于自动履行道义上的责任,与出于外力强制者不同,对于国家主权并无损害,通称主权自限说。

多元主权论者,对此特性,颇有批评。1.认为主权的最高性,与事实不符,谓:古代君主国家,帝王未必能畅所欲为,近代民主国家,权力成制衡状态,何者权力最高,不易断定。其实此项批评,不免将政府治权与国家主权混为一谈;在古代君主国家中,君主一方面是主权者,同时管理人民,是一种治权;在近代民主国家中,全体人民是主权者,政府受人民委托,行使治权,人民的主权最高,毫无疑义。2.认为法律代表主权至高无上,与法理不合,谓:法律的内容随时代改变,凡不能适应时代的法律,常为多数人所背弃,并不能发挥约束的作用,如硬说法律是主权或制法者是主权,结果是恶法亦法,贻祸人群,殊为法理所不容。此项批评,很有价值,但并未提出法律不得有表现主权的证明。现代民主国家,法律由全体人民或其代表决定,在理论上已足证明法律确有表现主权的作用。3.认为主权最高性的结果,易引起国际纷争,谓:国家主权既最高无上,国家欲望必随之增长,由是国际亲善与和平关系将随之破坏,而酿成国际战争。此项批评,似欠公允。主权最高性,乃各国国家所具有,适为互相尊重的信号,对于国际关系,并无妨碍,在主权说未成立以前,国际战争何尝少见;反之,强国如能尊重弱国的主权,许多国际战争便不会发生,所以国际和平的破坏,与其说是主权作祟,毋宁说是主权没有得到真正的尊重。不过,多元论者此项意见,未尝无相当贡献,晚近法国第四共和、日本及西德等宪法序文中,明定保障世界和平的主权自限原则,似受多元论者的影响,为一元主权说作一初步的修正。

(四)统一性

主权的统一性,或称不可分性,就是说主权有统一完整的特性,在一个国家之中只有一个主权,不能分割,主权倘能分割,便成为国家的分裂。所以在实际运用上,任何国家不允许有几个主权同时存在。就国内政治言,纵然是人民主权的国家,也不承认每一人民都是主权者,必须由全体人民联成一个总体,才能行使主权,此由全体人民所联成的总体,多数学者称之为"选民团体"(Electoral College),由选民团体行使主权,乃是人民主权的真义。不过,国家的主权虽不能分割,政府的治权却可以划分,在横的方面可以分为"三权"或"五权",在纵的方面可以采取"分权"或"均权",因为政府的治权,并不是国家的主权。就国际政治言,所谓部分主权国、附庸国、被保护国及托管地等,主权既经分割,都不是独立的国家;至于接受国际规约的限制,国家主权并没有分割,仍是独立的国家,因国际社会没有主权,履行国际义务,各国立于平等地位,并未受另一主权的支配。

多元主权论者,对此特性,亦有批评,谓在联邦国家中,主权可以划分,例如美国联邦宪法,将联邦权、分子权,以及联邦与分子共有权,分别清楚,岂非主权可以划分?其实此项批评,亦未见正确。联邦国家以宪法为最高准则,联邦中依然有统一的主权,联邦政府及分子邦政府皆不能违背宪法的规定,可见双方都是依据宪法行使其治权而已。美国的联邦法律及各州的法律,都不能与宪法相抵触,足可证明联邦法及州法皆非最高,而只有联邦宪法是最高,则美国仍然是有统一的主权。

此外,有人对此特性,认为在实际政治上,常遭遇特殊困难,复创设名词,用作解释。1. 事实主权与合法主权:当国家发生叛变或革命,或于战败之后被战胜国占领,往往有两个以上政权同时存在,如是则主权似可划分,因之称新成立的政权为事实主权,原有的政权为合法主权。其实此项解释,系由误认治权为主权之故。临时统治只是治权,并非主权,主权必须是合法的。故事实主权一语,实非合理的名词,不足采取。2. 法律主权与政治主权:在君主立宪国家中,君主不仅拥有王位,抑且在名义上还是以主权统治国家,但同时在实际上,君主并没有统治的实权,只是法律所承认的主权,并非真正的主权,因特称之为法律主权;在民主国家中,选民团体仅在政治作用中,可以表现其主权的地位,并无统治权,因之,此种选民团体,亦只能称之为政治主权。此项法律主权与政治主权的名称,亦系由误认治权为主权而来。无论在君主立宪或民主国家中,治权不是主权,只有全体人民才是行使主权者,其他如君主及政府机关,都没有主权。所以法律主权及政治主权等名称,均属牵强,无采用价值。

(五) 不可让性

主权的不可让性,就是说主权应由主权者最后掌握,有不可移让的特性。主权一经移让,原来的主权者即不复享有主权;如主权移让之后,原来的主权者仍旧享有主权,则国家可能有两个以上的主权,与主权的分割陷于同样现象。此项特性,卢梭首先主张,以后学者,多数赞同。卢梭因古代罗马法家有君权民授的思想,十七世纪英国有议会是公民代表的见解,好像全体公民的主权,可以让与某一特定之人或机关者。卢梭认为此种观念异常危险,故坚持主权不可移让之说。不过,此项特性,在实际运用上,因时代不同,看法随之而异:往昔因主权与治权不分,凡君主分封诸侯,统治采邑,幼君委托摄政,代行政事,公民选举代表,议定国是,都认为主权的移让;近代因主权与治权分开,人民选出代表,使其议定国是,乃是治权的授予,并非主权的移让,主权属于人民,人民依旧掌握最后决定权,一般国家的人民,都能定期改选代表,并能随时罢免代表,有些国家的人民,更能直接行使创制权及复决权。故近代国家的主权,属于人民,绝无移让的事实。至于国家领土的割让,有人认为是主权的移让,其实这只是主权行使范围的缩小,也不是主权的移让。

四、主权在宪法上的规定

自主权说成立之后,主权为国家构成要素之一,已为多数学者及一般国家所公认,所以现代国家,除极少数如英国及西班牙等国外,绝大多数国家,均将主权规定于宪法之上。不过各国立宪的技术不同,规定主权的方式微有歧异,分析言之,可有两类:一,明白规定于条文之上者,如法国《第四共和宪法》第三条第一项"国家之主权属于全体人民,任何一部分人民或个人,不得擅自行使";法国《第五共和宪法》第三条第一、二项"国家主权属于人民,人民通过其代表及依人民投票行使主权,人民之一部或任何个人均不得擅自行使主权";《意大利宪法》第一条第二项"主权属于人民,人民依本宪法所定方式且在其范围内行使之";《日本宪法》序文"……兹特宣告主权属于国民……";《泰国宪法》第二条"主权发自泰国国王,国王为泰国元首,依本宪法所定,行使主权";《菲律宾宪法》第二条第一项"菲律宾为一共和国,其主权属于国民全体,政府之一切统治权力,均渊源于国民";《土耳其宪法》第三条"主权无条件属于国民"。凡此均明定主权之所属,属于君主者为数极少,如泰国是,其余多规定属于人民。关于属于人民用语,或称人民,或称国民,或称全体,或仅称人民或国民;其实,此处所谓人民即国民,未称全体而必为全体,乃属当然的解释。二,隐约含蓄于条款之中者,如《美国宪法》序文"美国国民,为建设更完美之合众国,以树立正义,奠定国内治安,筹设公共国防,增进全民福利,并谋今后人民永久乐享自由之幸福起见,爰制定美利坚合众国宪法",按美国联邦最高权,为联邦宪法所规定,其他任何法律,不得与联邦宪法相抵触,联邦宪法既为国民所制定,则美国联邦最高权——主权,属于国民,概可想见;《瑞士联邦宪法》第一条"瑞士联邦以沮利克①……及日内瓦等,有主权之二十二州的人民同盟组织之",此可见瑞士联邦的主权,属于瑞士的人民;《比利时宪法》第二十五条"一切统治权,出自国民全体";西德《基本法》第二十条第二项"一切国权均来自国民……";《巴西宪法》第一条"一切权力,渊源于人民……";《巴拿马宪法》第二条"公权仅由人民产生……";主权是国家最高权,上述数国宪法,所谓一切统治权、国权、权力或公权,当然包括主权在内,主权既来自人民,或以人民为产生的渊源,其属于人民,自无疑义。依据上述,可见现代国家,不仅承认主权,抑且重视人民主权,多将主权在民的原则,直接或间接,规定于宪法之上,此实为现代宪法一大特征。

---

① 即苏黎世。——编者

第七节　国旗、国都及其他

一、国旗

国旗是国家的象征,代表国家的威仪及其立国的精神,含有特殊的意义,人民对之应加以崇敬与爱护,有不可侵犯的尊严,并为法律所保障。所以有很多国家,将国旗的形式与颜色,规定于宪法之上,以示尊重。如《比利时宪法》第一二五条"比利时国旗为红、黄、黑三色……";法国《第四共和宪法》第二条"国旗为蓝、白、红三色,纵条,面积相等",《第五共和宪法》第二条第二项规定同;德国《威玛宪法》第三条"联邦国旗为黑、红、金三色",西德《基本法》第二十二条规定同;《意大利宪法》第十二条"共和国国旗为意大利三色旗,即绿、白、红之三条同宽垂直带旗";《菲律宾宪法》第十四条第一项"菲律宾国旗为红、白、蓝三色,附有一个太阳及三粒星,应为国民所崇仰及尊敬,并为法律所承认";《巴西宪法》第一九五条"本宪法公布时,现行使用的国旗……均为国家的象征";《巴拿马宪法》第六条"国家的象征为……国旗……"。

二、国都

国都是中央政府所在地,为政治活动的中心,地位特殊重要,所以也有很多国家,以之入宪。《比利时宪法》第一二六条"布鲁塞尔

(Bruxelles)为比利时首都与政府所在地";《土耳其宪法》第二条"……其首都为安哥拉(Ankara)";《巴西宪法》临时条款第四条"联邦首都应移至本国中央高原……"。中国《训政时期约法》第五条及《五五宪草》第七条,均规定中华民国国都设于南京;嗣因对日战争胜利以后,各方对于国都的地点,意见纷歧,有主张设于南京者,有主张设于北平者,有主张设于武昌、西安,或兰州者,各有理由,相持不下,当时国民大会恐因国都问题的争执,影响会议的进行,乃将原草案"中华民国定都于南京"一条删去。

三、其他

有些国家,于国旗之外另定国徽,或径以国旗为国徽,也作为国家的象征,以之入宪。如《比利时宪法》第一二五条"……其国徽为直立之狮与'合则强'之格言";《巴拿马宪法》第六条"国家的象征为……一九四一年以前所用之国徽";法国《第五共和宪法》第二条第二项"国徽为蓝、白、红三色旗"等是。又有以国歌入宪,亦为国家象征之一种,如法国《第四共和宪法》第二条第二项"国歌为马赛进行曲",《第五共和宪法》第二条第三项规定同;《巴西宪法》第一九五条"本宪法公布时,现行使用之……国歌……为国家的象征";《巴拿马宪法》第六条"国家的象征为国歌……"等是。更有以国玺及军器入宪,为国家象征之一者,如《巴西宪法》第一九五条亦规定国玺及军器为国家之象征是。此外,尚有少数国家,以国语入宪,如土耳其宪法第二条"……其公用语言为土耳其语……";《巴拿马宪法》第七条"西班牙语为本国的国语";《菲律宾宪法》第十四条第三项"国会应采用种种方法,使现在固有的各种语言的一种,演进及采用为共通的国语,在法律未另定以前,英语及西班牙语应继为公用的语言"等是。至于以国教或其他所谓信条等入宪,为数更少,《西班牙人民宪章》第六条"天主教为西班牙的国教,其传布与实践,享有官方的保护……其他宗教不得有公开的仪式";法国《第四共和宪法》第二条第三、四项及《第五共和宪法》第二条第四、五项"共和国以自由、平等、博爱为信条",及"共和国以民有、民治、民享之政府为原则"等规定,均为现代宪法上不多见的特例。

《比较宪法》(正中书局 1985 年版)第一、二章

各国国会制度（节选）

法国的国会制度

一、法国国会制度略史

英、法两国，在一般文化史上，地位本无分轩轾，但国会制度之建立，法国较英国却落后四百余年。

英国于一二五四年，英王亨利三世（Henry Ⅲ，1216—1272）因征集战费，召集"大会议"（Magnum Concilium; Grand Council），命各县选举武士二人出席，改称为"国会"（Parliament），国会之名开始引用。嗣蒙福尔（Simon de Monlfort）摄理王政，又因需要政费，于一二六五年召集国会，除原有僧侣、贵族、武士出席外，并命各市选举市民二人参加，代表基础逐渐推广。至爱德华一世（Edward I，1272—1307），复因需要战费，于一二九五年召集模范国会（Model Parliament），除上述僧侣、贵族、武士及市民代表外，更使各地方平民选举代表参加，代表基础益趋扩大，而后世代议制的国会制度，启其端绪。

法国在十三世纪末叶，国王腓立布四世（Philip Ⅳ，1285—1314），因与教皇发生冲突，亦曾召集三级会议（Etats Generaux; Estates General），命贵族、僧侣、平民各推代表若干人参加，研议国事，以图对抗。不过此时王权高张，三级会议只是备国王咨询，其代表的基础及会议的权力，固未可与后世的国会相比。况此后不久，更因从事长期的百年战争（Hundred War, 1339—1453），结果法国战胜，国王权力益形膨涨。迨至包本（Borbón）王朝，先有亨利四世（Henry IV, 1589—1610）的开明专制，继有路易十三（Louis XIII, 1610—1643）及路易十四（Louis XIV, 1643—1715）的极端专制，三级会议自一六一四年开会以后，停止召集，达一百七十五年之久，直至一七八九年，路易十六（Louis XVI, 1774—1792）因时势逼迫，不得已始重行召开，演变为国民会议（Assemblée Nationale），肇法国国会建立之端。故论及法国国会制度之沿革，比较正确，只有从一七八九年大革命前夕之国民会议说起。

法国国会制度，不仅建立较晚，抑且极不稳定，自一七八九年国民会议起，至一九五八年《第五共和宪法》公布止，一百七十年间，变更几达二十次之多，其改革之频繁，体制之歧异，情形之复杂，世界各国，无与伦比。为比较明了计，可析述其概况如次：

（一）一七八九年大革命前后的国会制度

1. 一七八九年国民会议之由来及体制

法国在路易十四极盛时，因穷兵黩武，生活豪奢，已使国用不足，人民受重税压迫，怨恨甚深。及其死后，其孙路易十五（Louis XV, 1715—1774）继位，前半期以冲龄践祚，国家大权操于亲贵之手，专擅骄横，任意拘杀平民，政治黑暗；后半期纵情逸乐，宫廷生活奢靡，国家财政，濒于绝境。传至其孙路易十六时，财政枯竭，国势益蹙，不得已乃召集名流会议（Assemble des Notables），以解决财政的困难。

名流会议，是法国政治上的惯例，向由国王于需要时，敕选大贵族、大僧正及朝野各方面有名之人组织，以备国王咨询，其作用较之三级会议,尤为微弱。

一七八七年三月,名流会议开会于凡尔赛(Vessailles)宫,会议将闭幕时,忽有一颇负时望的议员,即曾以援助美国独立运动而出名的青年侯爵拉法夷特(Marqi de Lafayette),提议召集三级会议,一时和之者众,声势甚盛,但特权阶级则持反对意见,几经波折,路易十六乃下令于一七八九年召集。

三级会议自一六一四年后,久未召开,其组成方法,已不甚清晰,究应如何举行,各方意见纷歧,政府复咨询名流会议,最后决定三级分别选举:第一级代表贵族,第二级代表僧侣,第三级代表平民。第一、二级适用特种选举法,凡属贵族与僧侣,均有选举权与被选举权,其代表由选举人直接选出;第三级适用普通选举法,其代表由选举人间接选出,代表人数则三级相同。此项决定,更引起全国平民的反对,尤以对于代表人数问题为最激烈。此时平民的势力日见扩大,政府不得已,乃增加第三级的当选人数,使之与其他二级的合计人数相等。选举结果,全体代表人数共五百五十人,第三级占一半,第一、二级共占一半。

一七八九年五月五日,三级会议行开会式于凡尔赛宫,开始即发生一大难题:三级议事,究竟是合并举行?抑是分别举行?贵族代表主张后者,平民代表坚持前者,各不相让。僧侣代表则调停于两者之间,主张以贵族代表与僧侣代表合并为一院,略等于英国的上议院,而以平民代表为下议院,此项调停方法,国王与政府均甚赞同,但至五月三十日举行协商会议时,贵族代表与平民代表均仍各走极端,坚持不下,形成破裂之局。以后数日间,虽经种种疏通,终归无效,而平民代表经此刺激,增加觉悟,益趋于坚强团结之途。

六月十一日,平民代表遂决定开始举行会议,一面劝请其他两级代表参加,一面宣布凡不参加的代表为自动缺席。十三日有僧侣代表三人参加,受热烈欢迎,盖此三人参加,意义重大,由是此一会议,已不是第三级的会议,而具有全面性质。十六日遂通过改定名称的议案,自定名为"国民会议",是为法国国会史上有议会名称之始。此时政府有人主张用武力压迫,采断然处置,二十日路易十六听从部分臣僚的计划,以亲临会议的理由,封锁会场,冀将会议无形解散,不料更激起代表的愤怒,改在圣佛郎梭亚街(Rue Saint Francois)之网球场开会,宣告国民会议正式成立,是亦为法国国会史上有名的网球场宣誓,开法国有正式国会之始。

国民会议成立之后,政府尚不断用破坏手段,图妨碍会议的进展,但代表们抱不屈不挠的精神,照常进行,对于国王的命令,毫不理会。此时路易十六已无可如何,不敢下解散命令,终向会议屈服。不久贵族和僧侣两方面的代表亦纷纷加入,国民会议的权力遂显然驾于王权之上。最后至八月二十七日,除有一坚强不屈的贵族代表仍主张贵族的神圣权利不肯加入外,其余贵族和僧侣的全部代表,以奉国王的命令为辞,一体参加,合并开会,而国民会议遂成为完整的一院制。

2. 一七九一年《宪法》上的一院制

法国于一七八九年国民会议建立后,会议中的稳健分子均主张制定宪法,为法国树立百年大计。倘此时政府能与之和平相处,本可安然渡过。乃政府的保守派与王后密谋,调遣军队,欲以武力威逼,解散国会。因此群情愤激,七月十四日巴黎民众遂发生暴动,攻破巴士蒂(Bastille)监狱,释放囚犯,于是变乱遍于全国,大革命从此揭开。在此全国纷乱之际,国民会议不顾一切,仍积极从事制宪工作,八月,发表《人权宣言》(La Declaration des Droits de l'homone et du Citoyen; The Declaration of the Rights of Man and of the Citizen),其要点是宣布人类平等与人权保障,为法国有宪法性质的文献之始。

《人权宣言》仅一宪法原则,国会制度及政府组织,均无规定,且此时路易十六仍居王位,国民会议乃继续起草宪法本文,至一七九一年九月,全部宪法完成,正式公布,世称"一七九一年宪法",为法国有完整的成文宪法之始。

本宪法采主权在民及权力分立的原则,将君主与共和混合,采君主立宪政体。国会制度采一院制,立法权属于国会,议员由有财产之选民间接选举,任期二年。政府组织采内阁制,行政权名义上属于国王,实际由内阁行使,对国会负责。本宪法施行后,于同年十月选举一院制的国会,仍称"国民会议",为法国依据宪法产生国会之始。

(二) 第一共和期中的国会制度

1. 一七九三年《宪法》上的一院制

一七九一年《宪法》为温和派所制定,极富调和性与保守性,颇不为激进派所欢迎。同时,此际欧洲大陆各国,多为君主专制政体,对君主立宪极表反对,因之,由路易十六后玛丽·安多奈特(Marie Antoinette)之兄奥皇烈奥保得二世(Leopaid II)领导,组织联军向法国抗议。一七九二年四月,国民会议通过对奥宣战案,王室贵族反而阴谋通敌,人民大愤,全国又发生暴动。八月,民众袭击王宫,捕路易十六囚于狱中,全国秩序大乱,国民会议遂组织临时政府,修改选举法,召集国民制宪会议(Convention Nationale),国民会议自动解散。九月,国民制宪会议开会,议决废除王政,改建共和政体,是月二十二日,共和国宣告成立,即以是日为法国革命纪元第一日,此即世人所谓"第一共和",为法国行共和政治之始。

第一共和建立后,一七九三年一月,处路易十六以死刑;六月,国民制宪会议议决宪法草案,提交人民复决,经多数通过,于七月公布,世称"一七九三年宪法"，又以此宪法为加谷班(Jacobins)党人领导制宪，或称"加谷班宪法"。此宪法采共和政体，立法权属于国会与国民，国会采一院制，称"立法会议"(Corps Legislatif)，议员由人民直接普选，任期一年，法律经立法会议通过后，提交各地方住民复决；行政权属于政府，政府组织采委员制，称"行政委员会"(Conseil Executif)，先由各省选举行政委员候选人，再由立法会议于候选人中，选举二十四人为行政委员，任期二年。

本宪法上的各项制度，就政治理论言，颇富民主精神。但当时法国外有列强之干涉，内有王党之反对，而共和派复有加谷班、吉隆德(Girondists)诸党，斗争激烈，在此纷扰状态下，一切制度实未能切实施行。实际政权，则由加谷班党掌握，一面领导民众与外国作战，一面运用暴力屠杀反对党，实行恐怖政治，世称"恐怖时代"。至一七九四年四月，加谷班党首领罗伯庇尔(Robespierre)被杀，恐怖政治始告停止。

2. 一七九五年《宪法》上的两院制

恐怖政治消灭后，激进派失势，温和派当权，复召集国民制宪会议，一七九五年八月，国民制宪会议议决新宪法草案，提交人民复决后，于九月公布，世称"一七九五年宪法"，又因为是法国革命历第三年果月制定，或称"共和三年果月五日宪法"(Constitution de la Republique Française du 5 Fructidor an III)，或简称"共和三年宪法"。

本宪法除仍采共和政体及行政委员制原则外，关于国会制度及其与政府的关系，均与前宪法不同：本宪法放弃直接民权制，而代以间接民权的代议制，立法权属于国会，采两院制，上议院称"元老会议"(Conseil des Anciens)，议员二百五十人，下议院称"五百人会议"(Consiel des Cinp Cents)，议员五百人，两院议员均由有财产之人民间接选举之，任期三年，每年改选三分之一，提案权属于下议院。上议院对于下议院通过之法案，只能表示赞否，不得修改；行政权属于执政府(Directoire)，由执行官(Directeur)五人组织之,执政官先由下议院预选五十人,再由上议院决选五人,任期五年,每年改选一人。

本宪法上的各种制度,就立法技术言,亦颇精密,但亦极富调和性与保守性,实施之后,所选出的人员,多属温和派分子,所持政策均主缓进,故施行四年(一七九五年至一七九九年),虽将法国从恐怖中救出,而宪政设施则无积极表现。

3. 一七九九年《宪法》上的四院制

一七九九年,拿破仑(Napoleon Bonapart, 1769—1821)自埃及返法,因在国外建立殊功,深为法国人民所崇拜。回国后,以五人执政府既无所建树,而国家环境又极为险恶,乃于十一月以武力推倒执政府,史称"苦迭打"(Coup d'État),使会两院重组宪法起草委员会,拟订宪法,提交人民复决,于十二月公布,世称"一七九九年宪法",又因为是法国革命历第八年霜月制定,或称"共和八年霜月二十二日宪法"(Constitution de la Republique Française du 22 Frimaire on VIII),或简称"共和八年宪法"。

本宪法在形式上仍采共和政体,在目的上则在建立强有力的中央集权政府,采用独裁制,故主权在民及权力制衡等原则,均未提及。依宪法规定,立法权分属于四个机关:一为参政院(Conseil d'État),受第一执政官指挥,专司提出议案,议员四十人,由第一执政官任免之;二为议事院(Tribunat),专司讨论参政院提出之议案,无表决权,议员一百人,由直接纳税者间接选举之,任期五年;三为立法院(Corps Legislatif);专司表决议案,无讨论权,议员三百人,由直接纳税者间接选举之,任期五年;四为元老院(Senat),专司审查议案有无抵触宪法,议员六十人,由第一执政官会同参政院选派之,任期终身。行政权属于执政府(Consulat),由执政官(Consul)三人组织之,执政官由元老院选举,任期十年,连选得连任,其中一人为第一执政官(Premier Consul),权力最大,其他二人仅备顾问而已。宪法公布后,拿破仑当选为第一执政官,一八〇二年,复由人民投票,选为终身执政官。至一八〇四年拿破仑称帝,第一共和即告终了。

（三）拿破仑第一帝国的国会制度

一八〇四年,拿破仑再令人民投票,承认其为法国人民的皇帝,史称"第一帝国"。拿破仑称帝后,命元老院修改宪法,世称"一八〇四年宪法",或称"第一帝国宪法"。本宪法除取消执政府,将无限的权力集中于皇帝一身外,其他制度则与一七九九年《宪法》相似,国会形式仍保存四院制,无大变更。至一八一四年三月,联军进占巴黎,拿破仑被俘,放逐地中海厄尔巴（Elba）岛,第一帝国以亡。

（四）王政复辟期中的国会制度

1. 一八一四年四月《宪法》上的两院制

一八一四年拿破仑失败后,元老院议决成立临时政府,制定宪法,于同年四月六日公布,世称"一八一四年四月宪法"。本宪法恢复君主政体,仿英国虚君立宪制度,迎立包本王室路易十六之弟路易十八（Louis XVIII, 1814—1824）为国王,立法权属于国会,国会采两院制,行政权属于内阁,内阁对国会负责。但以路易十八反对,未能实施。

2. 路易十八钦定宪法上的两院制

路易十八以"一八一四年四月宪法"过于趋向主权在民思想,不愿接受,于是又制定新宪法,于同年七月由国王裁可公布,世称"路易十八钦定宪法"。本宪法仍采英国国会两院制,内阁对国会负责,惟君权提高，国王对于国会通过之法律，有否决权，必要时且得解散下议院。

3. 拿破仑《百日帝政宪法》恢复国会四院制

一八一五年三月，拿破仑突由厄尔巴岛回国，为旧部拥护，复进入巴黎，推翻包本王室，重新掌握政权，发动对外战争，至同年六月滑铁卢（Waterloo）大战失败止，历时约百日，史称"百日帝政"。在此百日期间，拿破仑曾将一八〇四年元老院所修订之宪法，交人民复决，于同年四月公布，世称"百日帝政宪法"。本宪法的重要意义在重建威信，国会形式仍恢复四院制，制度亦无何改变，且时间短促，拿破仑复被放逐于圣赫勒拿（St. Helena）岛，赍志以殁。

4. 一八三〇年《宪法》上的两院制

拿破仑百日帝政失败后，路易十八再度复辟，其钦定之宪法复活。一八二四年路易十八逝世，其弟查理十世（Charles X, 1824—1830）继位，无实行宪政诚意，常与国会发生冲突，任命下院反对之人组织内阁，非法解散国会，结果酿成"一八三〇年的七月革命"。革命发生后，查理十世逃往英国，国会迎立包本王室远支奥良（Orleans）王室的路易·腓立布（Louis Phillippe, 1830—1848）为国王，修改宪法，于同年八月颁行，世称"一八三〇年宪法"。本宪法承认人民权利，国会采两院制，两院及国王均有提案权，惟禁止国王增设世袭议员，国王不得用命令停止法律；政府采内阁制，内阁对国会负责。路易·腓立布初期言行，尚能尊重人民自由，曾有"公民国王"之称；未几，政权皆操于中产阶级之手，致参加七月革命出力最多之工人，无参政权利，世人又称为"中产阶级王国时代"；最后，工人待遇恶劣，罢工风潮迭起，政府不知检讨原因，只知用高压政策，禁止结社，检查新闻，与下院议员分赃官职，政治黑暗，民众愤激，谋刺路易达六次之多。至一八四八年二月，巴黎民众又发生暴动，冲入王宫,推翻君主,路易·腓立布逃往英国,史称"一八四八年的二月革命",旧王室系统之政权从此消灭。

(五) 第二共和期中的国会制度

1. 一八四八年《宪法》上的一院制

路易·腓立布逃亡后,革命党人组织临时政府,依普选制,使成年男子选举议员,组织国民制宪会议(Assemblée Constituante),制定宪法,于同年十一月公布,世称"一八四八年宪法"。本宪法采共和政体,立法权属于国会,为一院制,称"立法会议"(Assemblée Legislative),议员由人民直接普选,任期三年;政府组织采总统制,行政权属于总统,总统亦由人民直接普选,任期四年,任满不得连任。宪法公布后,拿破仑之侄路易·拿破仑(Louis Napoleon)于同年十二月当选为总统,成立第二次共和国,史称"第二共和"。

2. 一八五二年《宪法》上的两院制

路易·拿破仑原利用个人特殊家世,及当时人民欲选一强有力的总统,以恢复法国政治地位的心理,由英返法,先当选为国会议员,再参加总统竞选。既经当选,乃大权独揽。至一八五一年,任期届满,为欲修改宪法,以达到任期延长或参加第二任竞选的目的,故以武力造成政变,此为法国宪政史上有名的第二次"苦迭打"。其重要事实,为解散国会,举行人民投票,询问人民愿否修改宪法。结果,获得多数人民同意,任命委员五人,修改宪法,于一八五二年一月公布,世称"一八五二年宪法"。

本宪法在形式上仍采共和政体,实质上无异君主独裁,一切大权均集中于总统,国会采两院制,一为立法院,议员由人民直接选举,任期六年,一为参议院,议员由总统任命,任期终身,提案权属于总统,国会只有表决权,对于总统的提案不能修改,对于行政亦不得过问,总统由人民直接选举,任期十年,国务员由总统任免,对总统负责。宪法公布后,路易·拿破仑即宣告原总统任期延长为十年,但实际施行时间甚短,至同年十一月,路易·拿破仑改为帝制,第二共和即告结束。

(六) 路易·拿破仑第二帝国的国会制度

一八五二年十一月,路易拿破仑复用拿破仑的成法,使人民举行总投票,表决应否改为帝制,结果,获得多数人民同意,遂即帝位,称拿破仑为拿破仑一世,认拿破仑一世之子(一八三二年死于对德战争中)为法国合法统治者,称拿破仑二世,自称拿破仑三世,史称"第二帝国"。成立之初,除将十年任期之总统改为终身世袭之皇帝外,余均沿用旧宪法。

拿破仑三世的才略,远不如拿破仑一世,仅赋性机警、善于矫作,好以"法律与秩序保护者"及"平民皇帝"自居,实则施行极端独裁政治,故其称帝十八年(1852—1870),前半期因人民拥护,尚称安定,后半期因民众感受压迫,时有骚动,反对者日形激烈。一八七〇年,拿破仑三世为缓和反对计,乃命参政院修改宪法,提交人民复决,于同年五月公布,世称"第二帝国宪法"。本宪法规定国会仍采两院制,两院均有提案权,政府组织采责任内阁制,国务员对国会负责。但宪法公布未及三月,普法战争发生,拿破仑三世亲率大军出征,军事失利,为普军所虏,第二帝国以亡,法国帝制从此绝迹。

（七）第三共和期中的国会制度

1. 一七八一年的临时"国民会议"制

当拿破仑三世被俘消息传至巴黎，共和党人即于一八七〇年九月四日组织国防政府(Gouvernement de la Defense Nationale)，宣称废止帝政，恢复共和，史称"第三共和"。惟国防政府系一临时事实政府，其目的在抵抗敌军及维持秩序，对于决定和战及政体大计，实无合法权力。至一八七一年一月，普军攻陷巴黎，两国暂时停战议和，德人以其为事实政府，不与签订和约。国防政府乃命人民选举代表，组织国民会议，决定和战及政体问题。

三月，国民会议在波尔多(Bordeaux)开会，选举七十四岁高龄身经一八三〇年及一八四八年两次革命之帝爱尔(Thiers)为共和国行政首领(Chef du Pouvoir Executif de la Republique)，授权与德国媾和，未几，对德和议告成，国民会议乃迁回凡尔赛，继续讨论政体问题。

时国民会议中，帝制派占绝对多数，反对共和政体，幸帝制派复分为三系，有拥护包本王室者，有拥护奥良王室者，有拥护拿破仑之后裔者，意见不一，共和得以幸存，然宪法亦无从制定。

延至八月，国民会议暂时将行政首领之名，改为共和国总统(President de la Republique)，仍选帝爱尔继任，但其任期则未确定，帝爱尔原主张君主立宪，至是，见帝制派三系各不相下，深恐引起内乱，乃改变初衷，赞同共和。

一八七三年五月，帝爱尔向国民会议提出共和宪法意见书，遭帝制派否决，愤而辞职。帝制派乃改选马克马翁(Marshall Mac Mahon)为总统,并又暂定其任期为七年,马克马翁原为拿破仑三世之大将,亦不表同情于共和政体者,帝制派举其为总统,即为未来帝制留余地。

但国民会议中,帝制派人数虽多,始终意见纷歧,不能订出一君主立宪的宪法,事实上不得不暂时同意于无君政体。以此,关于总统的选举、任期、连任等重要问题,终于一八七五年一月,以一票之差(三五三票对三五二票),正式通过于国民会议,共和政体始告确定。

自是以后,国民会议的制宪工作,进行顺利,同年二月通过《参议院组织法》及《公权组织法》,七月通过《公权关系宪法》,八月通过《参议院议员选举法》,十一月通过《众议院议员选举法》。一八七六年三月,正式国会成立,国民会议将一切权力移交国会,自行宣告解散,共和政治复入于常轨。

2. 一八七五年《宪法》上的两院制

一八七五年二月之参议院组织法及公权组织法,同年七月之公权关系宪法,法人谓之"宪法"(Lois Constitutionnelles),三者合并,即世所称"一八七五年宪法",或称"第三共和宪法"。

本宪法上的国会,采两院制,上议院称参议院,议员由各省及殖民地的选举会间接选举之,下议院称众议院,议员由人民直接选举之;议会集会之方式,或由总统召集,或由议会自动集会;总统经参议院之同意,得解散下议院;实行责任内阁制,内阁对国会两院负责,总统不负实际政治责任;总统由国会两院在凡尔赛开联席会议选举,联席会议选举总统时称"总统选举会";修改宪法亦由两院在凡尔赛联席会议举行,联席会议修改宪法时称"宪法会议"。

本宪法自实施以后,曾经国会数度修改:(1)为一八七九年之修改,所谓首都问题,将国会两院及执行机关由凡尔赛移至巴黎;(2)为一八八四年的修改,其中最重要者,为将共和政体定为永久制度,不得作为修正的议题；(3)为一九二六年的修改，所谓法郎再建问题，是年政府为稳定国家财政建立国家金库及公债偿还基金，特昭郑重，国会以制宪形式通过。此三次修改，对于一八七五年的宪法，固无若何改变，而对于国会制度的作用，益加充实。故第三共和的国会制度，自一八七五年建立起，至一九四〇年法国陷于德国纳粹止，计维持六十五年，为法国过去国会制度存在之最久者。

3. 维琪政府的临时咨询机构

一九四〇年六月，法国大败于德军，巴黎沦陷，法总统勒布伦(Albert Lebrum)任命贝当元帅(Marshall Petain)于波尔多(Bordeaux)组织内阁，七月迁至维琪(Vichv)，参众两院通过召开国民会议，从事修改一八七五年的宪法，结果议决一九四〇年七月十日的法律。该法规定国民会议授权贝当全权修订宪法，提交人民复决。贝当根据此一授权法，曾发布命令，废除总统职位，自兼国家元首与行政首长（命令第一号），停止国会开会，并废弃与其所发布命令相抵触之宪法条文（命令第三号），凡此均为具有宪法性质的作用，但均未经提交人民复决。故严格言之，此类命令，俱不能认为是当时的宪法，只是临时措施而已。因之，维琪政府，就法理言，实在是一个独裁政府，一切权力，集中于元首一人，其所设置之国民参议院(Conseil National)及预算委员会(Comité Budgetaire)，只是临时的咨询机构，不得认为是国会。

（八）第四共和期中的国会制度

1. 一九四六年四月宪法草案上的一院制

一九四〇年德军进占巴黎后，法国本土，全部被德国控制。其时有戴高乐将军(General de Gaulle)逃亡英国,成立流亡政府,号召法人,继续抗战。迨一九四二年西欧盟军攻克北非,戴高乐乃于翌年夏由英去非,与当时法军驻非将领吉罗德(General Girand)组织法兰西人民解放委员会(Comité Française de la Liberation Nationale),积极从事复国工作。

一九四四年六月,盟军于法国诺曼第(Normandy)登陆,八月,巴黎光复,成立临时政府,戴高乐任临时总统,以暂时体制未备,一切大权由其独揽,实行时人公认之事实独裁制。

一九四五年十月,依比例代表制举行全国大选,召集"国民制宪会议"(Assemblée Nationale Constituante),同时依公民复决制,征询人民意见,究欲恢复第三共和宪法,抑授权制宪会议重行制定新宪法?结果以绝对多数,通过新宪法之制定。

一九四六年四月,制宪会议通过宪法草案,其重要内容:国会采一院制,称国民会议,议员由人民依普通、平等、直接、秘密方式选举之;总统由国民会议选举,任期七年,连选得连任一次,总统为名义上的国家元首,不负实际政治责任;政府由国务员若干人组成,内设国务总理,由国民会议于每次会期开始时或国务总理缺席时选出,对国民会议负责。

五月,草案交付人民复决,人民以国民会议权力太大,并反对一院制,遂以多数否决之。此为法国人民行使否决权之一特例。

2. 一九四六年《宪法》上的两院制

一九四六年四月宪法草案被人民否决后,同年六月,人民再选举代表,成立第二次制宪会议,又通过新宪法草案;同年十月,交付人民复决,得多数通过,世称"一九四六年宪法",或称"第四共和宪法"。

本宪法将前草案国会一院制改为两院制,下议院称"国民会议",议员由人民不分性别直接普选之,任期五年,任满全部改选;上议院称"共和国参议院"(Conseil de la Republique),议员由各"省"(Departement)

及其他"选举会"(College electorale)间接选举之,任期六年,每三年改选半数;两院合称"国会"(Parlement),但法律议定权专属下议院,上议院仅得对于下议院业经通过之法案提出意见,供下议院参考,内阁亦惟对下议院负责,下议院单独有否决信任案及通过不信任案之权;总统之产生,与第三共和国,由国会两院在凡尔赛联合开会选举之,任期七年,连选得连任一次(第三共和总统连任次数无明文限制),总统仍为名义上的国家元首,不负实际政治责任;政府由国务员若干人组成,内设"国务总理"(President du Conseil)一人,由总统直接任命,其他国务员由国务总理推荐,再由总统任命,行使法定职权,关于一般政策,对下议院连带负责,关于各部事务,对下议院单独负责。

本宪法通过后,同年十一月,即选举第一届国会,随之选举总统,组织政府,第四共和遂正式成立。

(九) 第五共和的诞生及其国会制度

一九五八年五月阿尔及利亚(Algilia)百数十万法国移民及数十万法国驻军,不满巴黎中央政府对北非政策及其措施,发生暴动,由法驻非将领马苏(Cenaral Jacques Massu)领导,组织公安委员会(Comité de Salute),反抗中央政府,拥护戴高乐出掌政权。傅礼兰(Pierre Pflimlin)内阁知情势严重,要求议会授予紧急权力,以应付危急,议会同意,但仍无补于事实。未几,科西嘉(Corsica)岛亦掀起叛乱,地中海舰队又以行动支持,反抗势力渐向本土跃进。傅礼兰内阁,不得已于月底向总统考蒂(René Coty)辞职,考蒂知此情形,除戴高乐外,并无其他人选,可以组织政府,因之接受傅礼兰辞职,并随向议会提请戴高乐组阁,以避免内战发生,否则即自行辞职,结果得各党谅解,而戴高乐出掌政权之局以定。

六月，戴高乐向议会提出信任案，其施政方针：一，新政府成立后，议会即须授予全权，以六个月为限，俾能重建国家秩序；二，议会授权政府草拟宪法，提交人民复决，以便改革制席上的缺点；三，议会通过前两项提案后，即行休会，至下期常会开会时为止。此项议案提出后，议会经辩论投票通过，同意戴高乐出任内阁总理。

戴高乐于信任案通过后，随向议会提出三项紧急提案：一，授予政府对阿尔及利亚的特别权力；二，正式授予政府六个月的全权；三，修改宪法第九〇条，即时授权政府草拟宪法修正案。上述各项提案，均经议会两院于短期间分别通过。其中第三项提案系对《第四共和宪法》第九〇条所规定之修宪程序，加以修改，意义最为重要。依此提案，宪法修改的程序如下。1. 由政府起草宪法修正案，修正案的要点，须依据下列各原则：(1)采选权普及制，立法权及行政权必须渊源于普选或由普选所选出的团体；(2)行政权及立法权必须作有效的划分，以便政府及国会各能在本身责任之下，充分行使其职权；(3)政府必须对议会负责；(4)司法权必须独立，以便保护一九四六年宪法序文以及人权宣言所阐明的基本自由；(5)宪法对于共和国与其相结合之各民族间的关系，必须有明白的规定。2. 政府于起草宪法修正案时，应征求宪法咨询委员会（Comité Consultatif）的意见，该委员会由国会两院有关委员会推选议员及政府指定委员组织之。3. 内阁委员会起草的宪法修正案，经征求"中央行政法院"（Conseil d'Etat）意见后，交付人民复决，如获通过，则由总统于八日内公布之。

戴高乐政府为起草宪法修正案，设置两个机构：一为小型的内阁委员会，负起草修正案之责，该委员会共有国务员五人，以司法部长戴布瑞（Michel Debre）为主席；二为宪法咨询委员会，共有委员三十九人，其中二十六人由议会选出，十三人由政府指派，以雷诺（Paul Reynand）为主席。内阁委员会起草修正案后,由戴高乐于七月将修正案提交宪法咨询委员会,该委员会接受草案后,开会审议,八月举行投票表决,以绝对多数通过,并提出修正意见,九月,内阁参酌宪法咨询委员会意见,将宪法修正案作最后通过,于第三共和纪念日(九月七日),由戴高乐正式向全民宣布,而于九月二十八日交付人民复决,以一七、六六六、八二八票对四、六二六、四七五票通过,十月五日由总统正式公布,是为现行的法国《第五共和宪法》,第五共和遂正式成立。

本宪法的重要意义,在修正第四共和制度上的缺点,以稳定政局。国会仍采两院制,下议院称"国民会议",议员由人民直接选举之,上议院称"参议院"(Senat),议员由人民间接选举,代表各地域团体,居住于法国以外之法国人民得选出代表参加;由于总统权力加强,并欲使内阁地位稳定,两院权力,随之而有变化,下院权力较前减缩,不似第四共和下议院之特殊优越,上院权力较前提高,恢复第三共和之两院同等立法权;总统不纯由两院议员选举,两院议员仅为构成总统选举团之一部分;议员不得兼任国务员;议员之任期、名额、待遇、选举及兼职之禁止,均以组织法定之。

本宪法公布后,同年十一月,依新宪法之规定,进行国民会议之选举,选出议员五三四人;十二月,又进行总统之选举,先依法构成选举团,计登记"总统选举人"八〇、九〇三人,戴高乐得六一、六七七票,当选为第五共和第一任总统。戴高乐于一九五九年一月八日就职,任命前主持宪法起草人戴布瑞为第一任内阁总理,组成政府。同年四月参议院议员,于地方议员选举后,又依法选出。至是,第五共和的国会制度,遂完全建立。

二、法国国会的组织

（一）国会的体制

法国自一七八九年以来，国会的体制，有采一院制，有采两院制，甚至有采四院制者，已略如上述。不过就采用的次数言，四院制采用最少，实际上只有一次，情形特殊，究属例外，其余大率游移于一院制与两院制之间。两制比较，又以一院制较少，两院制最多，成为法国国会的主要体制。

依一般理论，采用两院制较为合理者，有两种情形：一为单一国家而具有政治上或社会上之阶级性者，上议院代表阶级，下议院代表平民，各有代表基础，如英国是；二为联邦国家，参议院（上议院）代表各邦，众议院（下议院）代表人民，亦各有代表基础，如美国是。法国既非联邦，大革命后又不承认有阶级，而采用两院制。上议院无代表基础，殊无理论根据，只是基于事实或传统。故法国国会的两院制，不是理论的产物，而是事实的促成及传统的因袭。

法国自一七九五年开始采用两院制以后，除拿破仑之四院制外，逐渐进展，尤其自第三共和起，一再沿用，未尝放弃。且据历史经验，一院制寿命较短，两院制寿命较长，第三共和的国会，竟存在达六十五年之久，甚受法人重视，似此两院制的国会制度，已成定型。

不过采用两院制的国会，因权限的分配与行使，有两院地位平等者，如美国是，有两院地位不平等而下院优于上院者，如一九一一年以后的英国是。法国自第三共和起，至第五共和，三次制度的内容，则颇有歧异，为欲了解现代法国国会的体制，应作进一步的分析。

法国在第三共和时代，上议院的立法权与下议院完全平等，一切议案须经两院一致通过，始能成立。财政法案固须先提出于下议院，但上议院尚保留修改及否决之权。此外，上议院有两大特权：一，倒阁权，第三共和的内阁，同时对上下两院负责，所谓内阁对国会负责，确是名符其实，故在实际上，内阁虽得下议院的信任，但因上议院拒绝支持而倒阁者，不乏其例。二，下议院解散同意权，即上议院本身不得解散，而对于下议院应否解散，却有同意之权。因此，在形式上，上议院的地位，不仅与下议院相等，或且稍优于下议院。不过在事实上，下议院系直接代表人民，上议院尚能顾全大体，尊重下议院的地位，六十五年间，未曾发生重大纷扰。

第四共和鉴于第三共和参议院权力庞大之失，制宪者乃力谋削减参议院的权力，提高下议院的地位，结果造成下议院权力优越而上议院权力微弱的两院制。依一九四六年《第四共和宪法》规定，关于上议院的权限，重要之点有三：一，上议院对于法案，只能提出意见，供下议院参考，是立法权属于下议院；二，上议院议员虽有提案权，但其所提出之法案不经上议院讨论，须先交下议院审议，故不论法案之来源如何，先议权均属于下议院；三，内阁不对上议院负责，因之否决信任案或通过不信任案之权，均属于下议院。有人谓第四共和的国会，名为两院制，实为一院制，微嫌抹煞形式；有人谓其为"跛足的两院制"，则颇为确当。不过一九四五年的宪法修正案，关于上议院的立法权，有相当重要的修改：一为政府提案得向下议院或上议院提出，是上议院亦得享有法案的先议权，不过条约批准案、预算案或财政案，仍须先向下议院提出；二为法案在原则上须经两院同意始得成立,如果上下两院在一百日之内,不能获得协议,下议院则可依最后决定,是承认上议院得行使一百日的停止权。此外,关于行政监督权,则无若何修改,是第四共和国会制度的性质,仍无根本的改变。

第五共和又鉴于第四共和下议院权力庞大之失,制宪者又力谋削减下议院的权力,提高上议院的地位,结果乃造成上议院与下议院接近平等的两院制。依一九五八年《第五共和宪法》规定,在原则上,法案须经国会两院同意,始得通过,但法案经二读后,两院意见仍不一致,而不能通过时,内阁总理得召开两院联席委员会,令其就讨论中之事项,协议草案,提交国会议决。如联席委员会协议不成,或其草案不能得国会通过时,内阁得在国会两院再作一读讨论之后,要求下议院作最后决定。再政府提案,在国会中有优先讨论权,而其讨论的时间,复经宪法予以严格的限制,以防止会议的延宕。又限制下议院质询权,缩短会议期限,减少委员会,以遏止下议院滥用权力,避免纷扰。同时,内阁只对下议院负责,不对上议院负责,上议院亦不能策动倒阁,使内阁无左右为难之憾,以谋政局之和谐与安定。所以第五共和的国会,上下两院,权力虽仍有不同,下院或且较高于上院,但以其他种种方法,调济其间,可谓已接近平等之域。

依据上述,可见法国的国会制度,虽错综复杂,变化多端,但大体言之,以两院制为主,而两院制则又以平等为归,似为无可否认的事实。

(二) 国会的选举

1. 选举权

法国人民的选举权,随时代逐渐进步。一七九一年《宪法》采限制选举制,以缴纳一定租税为取得选举权的条件;一七九三年《宪法》开始采用男子选权普及制，或称普通选举制，但以政局动荡，未及施行；一八四八年二月革命之后，才实行男子普通选举制，凡男子年满二十一岁以上，皆有选举权；至一九四六年《第四共和宪法》，始承认妇女选举权。

2. 选举区

因适应时势的需要，常有变更。第三共和初成立时，采用小选举区制，一八八四年改为大选举区制，一八八九年又恢复小选举区制，一九一九年复改为大选举区制，一九二七年又改为小选举区制。第四共和成立后，复放弃小选举区制，采用名单比例代表法。第五共和又恢复小选举区制，放弃比例代表法，而采用比较多数法。

3. 投票制

法国一院制之国会及两院制中之下议院，多采直接投票制（或称直接选举制），上议院则多采间接投票制。其他各项投票方法，亦随时代而有进步，自第三共和成立以后，已确实采用平等投票制（或称选权平等制）、秘密投票制及自由投票制。

4. 当选票计算法

第三共和采用"绝对多数法"，第四共和采用"比例代表法"，第五共和恢复"绝对多数法"，即得票过半数者为当选。倘于计票时，无人得到过半数，则于一星期后，举行第二次投票，以得票比较多数者为当选，此种计算法，是选人而不是选党，以改正比例代表法的弊端。而比例代表法是选党的名单而不是选人，易为政党所操纵。第五共和恢复绝对多数法，是选举政策一大改变。

5. 选举诉讼

法国选举诉讼的管辖，因选举的性质而异，地方选举诉讼，由地方行政法院管辖，不服其判决，可上诉于中央行政法院；国会选举诉讼，由国会自己裁判,此种制度,固符合民主原则,但多数党袒护本党党员,不免发生流弊。

（三）关于议员的规定

1. 议员的名额

法国过去关于议员的名额,宪法曾有规定,如一七九五年《宪法》一七九九年《宪法》等是。但大多数宪法均不予规定,视选民人数,委诸选举法或其他法律规定。此种方法较富弹性。第四共和下议院议员最后为六百二十七人,第五共和第一次大选时为五百四十六人,每一议员代表人民约为七万余人。上议院议员由地方团体选举,亦无一定名额,不过其人数皆少于下议院。《第四共和宪法》规定,参议院议员之总数,不得少于二五〇人,不得多于三二〇人,一九四八年参议院议员选举法规定为三百十五人。《第五共和宪法》规定,仍循此原则,另以组织法定之。

2. 议员的任期

一七九一年《宪法》采纳美国宪法制定人所持之理由,规定议员的任期为两年,但此后除一七九三年《宪法》及一八五二年《宪法》因情形特殊外,法国下议院议员的任期逐渐加长,一七九五年及一八四八年《宪法》为三年,第三共和为四年,第四及第五共和为五年。上议院议员的任期,除少数宪法特例或为终身任职或与下院任期相同外,其余均较下议院议员任期为长,第四、第五共和上议院议员的任期均为六年。

3. 议员的改选与补选

议员任期届满,有全部改选与部分改选两种方法,全部改选较能代表民意,部分改选较能稳定政局,各有利弊。法国一院制下之国会及两院制下之下议院因情形特殊为部分改选外,其余均为全部改选;上议院则为部分改选。议员于任期中,如因辞职、死亡等事故而缺额时,即须补选。其补选之方法,亦有两种:一为于缺额时举行补选,此法可能测验民意之变迁;二为于每次选举新议会时,令各选举区或选举团举出若干候补当选人,此法较能节省选举的手续。英美诸国采用前者,法国则采用后者。

4. 议员的资格

法国议员的当选资格,逐渐改善,至第四共和,被选举人与选举人的资格,已无大差异,只是被选举人的年龄和国籍条件较严。关于年龄,选举年龄是年满二十一岁,被选举年龄,下议院议员是年满二十三岁,上议院议员是年满三十岁。关于国籍,须归化达十年以上,始有选举权。第五共和选举法有同样规定。此外,尚有禁止竞选及禁止兼职的规定:所谓禁止竞选,从前是禁止王室子孙参加竞选,现在主要是禁止地方法院法官、地方行政官及地方军事司令官,于其在职中及离职后法定期内,不得竞选下议院议员;所谓禁止兼职,是禁止当选后兼任某种官职,但担任现职时,可以竞选,惟于当选之后,须辞去官职。否则,即须辞去议员之职。

5. 议员的特权

(1) 言论不负责权

法国大革命后,第一部宪法(一七九一年《宪法》)即明文规定此项特权。自此以后,革命不断发生,国会制度时常变更,直至第五共和,此项特权常为宪法所承认。一八七五年《公权关系法》规定,国会议员执行职权所作之言论及表决,不受追诉或审问;一九四六年《第四共和宪法》及一九五八年《第五共和宪法》有同样规定,国会议员执行职权所作之言论及表决,不受追索、搜查、逮捕、拘留或审判。据法人解释,议员不负责的范围,不仅包括议员在议会内所发表的言论,并及于依议会命令出版的议事纪录及公开会议的忠实报导。所谓执行职权,亦从广义解释,不仅指在全院会议中的活动,并包括在秘书处及委员会中的活动,且可及于对外职务的行使。

(2) 身体不可侵权

此项特权,亦常为法国宪法所明定。一八七五年《公权关系法》规定,国会两院议员,在会期中,非经其所属议院之许可,不得因重罪或轻罪,受诉追或逮捕,但现行犯不在此限。《第四共和宪法》规定,国会议员,在会议期间,除现行犯外,非经其所属议会的准许,不受刑事之追诉或逮捕;其在会议期间外被逮捕者,在其所属议会决议取消其议员资格之前,仍得代理投票;在议会集会开始后三十日内未有取消资格之决议时,被逮捕之议员应予释放,并回复其权利。国会议员,除现行犯及经准许追诉或终审判决者外,非经其所属议会办公处的准许,虽在会议期间之外,亦不得逮捕。国会议员,经其所属议会的召唤,其拘禁或追诉应即中止。《第五共和宪法》有同样规定。由此可见国会议员享有特别保障,已成为法国固定的制度。

(四) 议会的内部组织

1. 议长

法国在第三共和时代,国会上下两院,均有议长的设置,已成定制。第三、第四共和,下议院议长均由下议院议员在每届会期开始时选举之,任期与该届会期同,此因议会内部分子复杂,议会权威未能建立之故。第四共和,下议院的议长因受苏俄制度的影响,兼采主席团制,主席团以二十四人组成,内包括议长一人、副议长六人、秘书十四人、干事三人,议长主持大会,缺席时由副议长轮流代理,以致各党团均欲利用主席的机会,实现党派利益,更增加议会中的纷扰。故法国在第三、第四共和时代,虽系内阁制国家,但与英国下议院议长不同,英国下议院议长能超出党派,而法国下议院议长尚须维持政党关系,参加政治活动,并在议会内发表意见,而置身于政争之中,此实为其一大缺点。第五共和大加修正,废弃主席团制,恢复议长制,任期亦放弃每届会期改选制,改为与议会任期相同制。近年情形,略见转变,议长不仅避免参加辩论,甚至在赞否同票时,亦尽量避免参加表决。

下议院议长的职务,除主持会议外,在《第四共和宪法》上,尚有几项特别权限:(1)总统提名内阁总理之前,须咨询下议院议长的意见;(2)总统若在接到国会所通过之法律十日内,不公布该法律,则由下议院议长公布之;(3)总统欲解散下议院,须先咨询下议院长的意见;(4)下议院解散后,总统应任命下议院议长为看守内阁的内阁总理;(5)总统因故不能视事,或因死亡、辞职及其他原因缺位时,下议院议长应暂时代行总统的职务。《第五共和宪法》,除保留上述第三项外,尚予下议院议长任命三个宪法委员会委员的权限。依据上述,可见法国下议院的议长不是一个无关紧要的职位,实具有相当的重要性。

上议院议长,都在部分议员改选后开始集会时选举之,任期与改选时期同。其地位,在第三共和时,与下议院议长相若;在第四共和时,因上议院权力衰退,议长的重要性为之降低;第五共和,下议院权力减缩,上议院议长的地位复随之提高。现在宪法上上议院议长亦享有下列数项权限:(1)总统欲解散下议院,须咨询上议院议长的意见;(2)上议院议长亦享有任命三个宪法委员会委员的规定;(3)总统因故缺位,或不能视事而经宪法委员会依政府之提请,以绝对多数确认者,除宪法特定情形外，上议院议长暂时代行总统的职权。

2. 委员会

法国国会的委员会制度，在第三共和时代，即已确立。《第四共和宪法》复以明文规定，下议院应在委员会中，审议法案。在第四共和时代，国会两院各有十九个常设委员会，下议院的委员会各置委员四十四人，上议院的委员会各置委员三十人。委员会的委员，是由院内各党团，比例其在院内议席的多寡，自行推出，然后由各党团领袖联合开会讨论，分配指定各常设委员会的委员，作成名单公布。如在三日内，有议员五十人反对，则交由全院投票决定，如无人反对，则名单所列之人，即作为正式委员。委员的任期，均为一年，在每届会期开始时选举之，任何人不得兼任两个以上常设委员会的委员。《第五共和宪法》将各院常设委员会的数目，规定不得超过六个，结果，各委员会人数增加，影响议事效率，现在各委员会内部，又多分设小组，以审议法院。至于各委员会委员的选举方法，则与以前无大差异。

3. 办公处

法国议会的内部组织，除议长及委员会外，尚有办公处之设置，通称"秘书处"，第四共和称"主席团"，亦为议会内部的重要机构，常见诸宪法。《第四共和宪法》规定，每一议会于每年常会开始时，依程序规则之规定，选举其办公处的职员。其任务，除处理日常事务外，尚有颇为重要的职务：《第四共和宪法》规定，两院举行联席会议选举总统时，以国民会议之办公处为其办公处；国民会议闭会期间，其主席经国务总理或议员多数之请求，办公处得召集特别会议；议员之提案，须提交其所属议会之办公处；国会议员，除现行犯及经准许追诉或终审判决者外，非经其所属议会办公处之准许，纵在会议期间之外，不得逮捕。《第五共和宪法》规定，政府提案，经咨询中央行政法院后，先由国务会议讨论，然后提交国会两院任何一院之秘书处,财政法案应先向国民会议提出。凡此均为议会办公处的重要职务,经宪法明文规定者。

（五）关于集会与议事的规定

1. 常会

法国国会常会的召集及会期,因时代变迁,前后往往不同。在第四共和,国民会议的常会,于十月之第一个星期二自行集会,集会已延续满七个月后,国务总理经国务会议之决议,得以命令宣告其闭会;休会期间,不计入七个月之期间;停止会议在八日以上者,视为休会。参议院之集会时间,与国民会议同。在第五共和国会两院,每年同时自行集会两次,第一会期于十月第一个星期二开始,于十二月第三个星期五结束,第二会期于四月最后星期二开始,会期不得超过三个月。依据上述规定,值得注意者,第四共和常会会期为七个月,第五共和缩短为五个半月,无异减少国会权力的行使。

2. 特别会

法国国会常有特别会的召集,以应付急变。在第四共和,国民会议闭会期间,其主席经国务总理或全体议员多数之请求时,办公处得召集特别会。在第五共和,国会得依国务总理或全体议员过半数之请求,召开特别会,以讨论特定议案;国会除自行集会外,其特别会之开会与闭会,均以总统之命令为之。依此规定,特别会的限制甚严,第四共和国务总理及议会本身均可召集,现则须由总统命令为之,无异限制特别会的举行。

3. 议事公开的原则与秘密会

议事公开,是准许旁听及发表纪录之谓。其作用有二:一为使人民知悉其所选出之代表是否履行其义务;二为使人民借议员的咨询及政府的答复以了解政府的政策。此项原则,首为法国一七九一年《宪法》所规定,其后历次宪法,均有类似条款,第四、第五《共和宪法》规定:国家两院会议公开举行,议事纪录全文应发表于政府公报。现代各国大多采用此制。但同时又因事实需要,得于法定条件之下,准许改开秘密会议,法国《第四共和宪法》规定,两院得改开秘密会议;《第五共和宪法》规定,国会各院得依国务总理或议员十分之一之请求,召开秘密会议。现亦为多数国家所采用。

三、法国国会的职权

(一) 立法权

1. 提案权

提案权是指提出法案交付议会讨论之权,为立法程序的第一步。提案权行使的方式,颇不一致,可分为四类:(1)专属于议会之议员者,如英、美是;(2)分属于政府及议会之议员者,如日本、比利时是;(3)专属于政府者,如奥国是;(4)分属于政府、议会议员及其他机关者,如秘鲁、意大利是。法国一八五二年《宪法》只许总统提出法案,国会没有提案权,只有表决权,同年路易·拿破仑称帝,仍沿用此法,提案权专属于皇帝,是属于上述第三类。《第三共和宪法》规定提案权属于总统及国会两院议员,第四及第五共和《宪法》规定提案权属于国务总理及国会两院议员,是均属于上述第二类。此类提案又分为两种:一为政府的提案,称为"法律方案"(Projets de loi);二为议员的提案,称为"法律提议"(Propositions de loi)。在形式上,政府提案有优先讨论的机会,但在实际上,政府提案并无优越地位,因法国政府都是联合内阁,不能控制议会内绝对多数的议员,所以政府提案与议员提案,通过的难易,并无多大区别。

2. 审议权

审议权是指议会审查及议决法案之权,为立法程序的第二部。审议权在一般情形下,皆属于议会。各国议会审议法案,为慎重起见,多采用"三读会"(Three Readings)程序。法国制度,法案提出后,由议长依法案性质,交委员会审查,委员会接到法案后,推委员一人为"报告人"(Rapporteur),主持该法案的审查,审查时提案议员或内阁阁员得出席委员会说明,审查后由报告人向议院提出报告,议院依据该报告,开始讨论法案的原则,如多数人反对,法案即遭否决,如多数人赞成,即开始逐条讨论,此时议员可提议修改,倘修改的意见过多或内容复杂,可再交委员会修订,然后再由议院讨论,作最后成立与否之决定。以上全部程序,法人称为一读会。法案经甲院通过后,须送另一院审议,乙院依上述手续,加以审议,于法定期间内提出意见,如两院意见相同,则以原来的条文成为法律,如乙院表示反对而有所修改,甲院则依据修正案,重行审查,法人称为二读会。依《第五共和宪法》之规定,法案由国会两院继续审议,期能采用同一条文,倘因两院意见不同,而致法案经各院二读后仍不能通过时,或政府所宣告为紧急法案,在各院一读后仍不能通过时,国务总理有权召开联席委员会(Commission mixte),令其重提一项共同草案,由政府提交国会两院通过,倘联席委员会不能提出共同草案,或共同草案不能在两院通过时,政府得在两院再作一读后,要求下议院对此法案作最后的决定,法人称为三读会。依据上述,可见法国的三读程序,与一般的三读程序微有不同:法国的法案,未必全经三读程序,如紧急法案是;而法国的一读程序,手续繁重,实际与一般的三读程序无大差异。

3. 公布权

公布权是指公告法律业经依法成立,而命令国家人民及各机关遵守并执行之权,为立法程序的最后一步。公布权在一般情形下,皆属于国家元首。但国家元首对于立法机关通过的法案,有无拒绝公布的权力,各国制度又不尽相同,有不许国家元首拒绝公布者,有准许国家元首拒绝公布者。前者问题简单,如国家元首于法定期间内不予公布,则法律自动生效,或另由法定机关公布之。后者又可分为两种:"一为绝对的否决权"(Absoluteueto Power),即法案经国会通过后,尚须经国家元首批准,元首倘不批准,该法案便不能成立,如英国是;二为"限制的否决权"(Qualified Veto Power),或称"停止的否决权"(Suspensive Veto Power),即法案经国会通过后,尚须送国家元首公布,元首倘不赞同,得交还国会复议,国会倘不维持原案,该法案即归消灭,而不成为法律,如美国是。法国自第三共和以后,对于上述不许国家元首拒绝公布及限制否决制度,均有采用。依《第四共和宪法》,总统在公布期间(十日)内,如不公布法律时,由下议院院长公布之;又依第三、第四及第五共和《宪法》,总统在公布期间内,得要求国会覆议法案,国会不得拒绝之。

(二) 议决预算权

1. 预算提案权

议决预算权,虽为国会代表人民控制政府最重要的职权,但现代各国制度,预算案系政府法案,其提案权完全属于政府,议会议员不得提出之。因国家行政经费需要若干,只惟政府知之最熟,倘使议员有提案权,至少情形隔膜,不切实际。英国自一七〇六年即不许议员提出支出法案,美国于一九二一年设立预算局,编制预算案,由政府提出。法国依《第五共和宪法》之规定,财政法案不仅由政府提出,抑且对国会两院有严格的限制,即国民会议第一读会如在财政法案提出后四十日内尚未议决,政府得将该项财政法案提交参议院,参议院须在十五日内议决之;国会在七十日内仍无决定时,该财政法案所规定的事项,得用政府公布之条例实施之。

2. 预算先议权

现代各国通例,国会倘为两院制,预算案均应先提出于下议院,是为下议院享有预算案的先议权。法国在第三共和时代,虽然上议院权力极盛,亦不例外。第四、第五共和《宪法》均明定,财政法案应先向下议院提出。

3. 预算议决权

两院制的国会,下议院享有预算案的先议权,固成通例。但预算案的议定权,有两院平等者,如美国是,亦有下院优越而上院较逊者,如英国是。法国《第三共和宪法》规定,下议院享有先议权,而上议院亦享有修改及否决之权,是属于前者;《第四共和宪法》规定,下议院议员的提案,提交其所属议会的办公室,在其通过后,移送至上议院,上议院议员所提减少岁入或增加岁出的议案,不得接受,是属于后者。第五共和的两院,虽力求平等,但依宪法规定,下议院第一读会如在财政法案提出后四十日内尚未议决,政府得将该项财政法案提交上议院,上议院须在十五日内议决,是仍得承认下议院享有比上议院较长的审议时间,而下议院的议决预算权较上议院地位优越,已无可否认。

（三）监督政府权

1. 质询权

质询权是议员对于政府所应负责之事，用书面或口头提出询问，要求当局答复，以明了政府施政的内容与方针，加以督促或纠正之权。在分权比较严格的总统制国家，政府官吏不能出席议会发言，因之议员亦无质询之权。故在原则上，质询权是属于内阁制国家的议会。法国自第三共和成立以来，政府组织均为内阁制，关于质询权的行使，可分为两种：一为"普通质询"（Question），只是质询人与负责当局的问答，不能成为全院的议题，任何议员均可用书面或口头单独提出。如用书面提出，被质询者则于一星期之内，将答辞刊布于政府公报之上，倘有特别理由，尚可要求延期答复；如用口头提出，并要求被质询者用口头答复，事前须征求其同意，得其同意后，始能提出质询。依第四共和时期的制度，每月划出一整天及每星期五开会前划出若干分钟为质询时间，被质询者逐件答复，倘质询人不满意被质询者的答复，尚可作数分钟的问答，质询案即告结束。此种普通质询，不能演变为不信任，法国国会不甚重视。二为"正式质询"（Interpellation），可成为全院议题，而为倒阁的工具。任何议员皆可单独提出正式质询案，交给议长，议长朗读提案后，参酌被质询者的意见，决定答复日期，届时先由质询人发言，次由被质询者作答，以后则进行全院的辩论与表决。此种表决在法国称为"恢复日程的表决"（Vete d'un ordre du jour），又分为两种，第一为"单纯的恢复日程"（Ordre du jour pur et simple），即质询终了，无其他表示，只议决恢复议事日程；第二为"有表示的恢复日程"（Ordre du jour motive），即质询终了,不仅议决恢复议事日程,且对于政府表示信任与不信任。法国在第三、第四共和时代,下议院常利用正式质询推倒内阁,第五共和废止之。

2. 不信任投票权

不信任投票权,是议会认为政府的政策违反民意,而使其去职之权。此为内阁制国家特有的制度,不过制度的内容,则颇有歧异:就权力之归属言,在两院制国家,大率只承认下议院享有此权,但法国第三共和,内阁对国会两院负责,是两院对于内阁均享有不信任投票权,为一例外(现《意大利共和国宪法》规定内阁应获得国会两院之信任,亦为内阁制国家之一特例),第四、第五共和《宪法》均加以改正,不信任投票权只属于下议院。再就权力行使之程度言,"二次大战"以后,限制较严,法国《第四共和宪法》规定,无论是议决信任案或不信任案,均须于提案之后,经过二十四小时始得为之,并须以记名投票法,经全体议员绝对多数之通过。《第五共和宪法》限制更为严格,不信任案之提出,须经下议院议员至少十分之一之签署,而于提出四十八小时之后,始得举行表决,并须经下议院议员过半数之同意,始得通过。不信任案如被否决,在同一会期中,不得再行提出。更就权力行使之效果言,法国《第四共和宪法》规定,信任案被否决或不信任案通过时,内阁应全体辞职;《第五共和宪法》规定,下议院如通过不信任案,或对政府所提之施政计划及一般政策之宣布不予通过时,国务总理应向共和国总统提出政府之辞职。

3. 弹劾权

弹劾权是议会对政府官员的违法行为,予以制裁之权。此制创始于英国十四世纪,后为各国所仿效。弹劾的对象,在英国原则上以高级官员为限,美国则及于联邦的一切文官,法国依第四、第五共和《宪法》规定,限于总统及国务员。弹劾的罪行,英国无明文规定,美国宪法以叛逆、收贿及其他重罪为限,法国依第四、第五共和《宪法》明定,总统限于叛国行为,国务员限于职务上的犯罪。弹劾案的提出,在两院制国会,提出权多属于下院,法国第四共和即系如此,但《第五共和宪法》规定,弹劾案须经国会两院议决,始得提出。弹劾案的审理,各国制度极不一致:有由上议院审理者,如英、美是,依刑事诉讼程序为之;有由最高法院审理者,如比利时是,其程序以法律定之;有由特设弹劾法院审理者,如挪威、丹麦是。法国第三共和,弹劾案审判权属于上议院,依刑事诉讼程序为之,其有罪判决须经多数议员之议决;第四、第五共和,均属于特设"弹劾审判院"(Haute cour de justice),皆依普通刑事诉讼程序公开为之,审问完毕,改开秘密庭,以投票之绝对多数决定其罪刑。

(四)调查权

调查权是议会为执行各项重要职权,欲明了有关情形,而附带发生之权。此权亦创始于英国,后为各国所采用,且多订之于宪法。法国自大革命以后,亦模仿英国制度,认调查权是国会固有的附带权力,除少数帝制宪法如一八五二年《宪法》外,其余多数宪法均默认国会享有调查权,不过无明文规定而已。例如一九一四年法律,国会得有强制证人到场作证并提出文件之权,可为明证。

四、法国国会的运用关系

（一）国会与人民直接立法

人民直接立法（Direct Legislation）是人民不经代议机关，依公民投票方式，直接参加国家的立法之谓，其内容包括创制（Initiative）与复决（Referendum）。

所谓创制，是人民依据公意，自行制定或修改宪法或法律之意。凡人民认为需要者，可以依公意创订或修改之，以纠正立法机关的失职。创制的对象，属于宪法者，为"制宪创制"（Constitutional Initiative），属于普通法律者，为"立法创制"（Ligislative Initiative）。创制的方式，凡法案由公民直接提出而径交公民表决者，为"直接创制"（Direct Initiative）；凡由公民提出之法案，先交立法机关讨论，立法机关通过，固成为法律，倘立法机关不通过而提交公民表决者，为"间接创制"（Indirect Initiative）。各种方法，或兼采并用，或采用一种，均可使立法机关不敢蔑视民意而制定不良的宪法或法律。

所谓复决，是人民对于立法机关所通过的宪法案或法律案，最后投票表决，以决定其应否成为宪法或法律之意。凡人民认为无益者，可完全拒绝或废弃之，以防止立法机关的专擅。复决的对象，亦分为"制宪复决"（Constitutional Referendum）与"立法复决"（Legislative Referendum）。复决的方式，凡法案必须交公民复决者，为"强制复决"（Obligatory

Referendum）；凡法案不一定交公民复决，惟遇法定数目之公民或有权机关要求时，始交公民复决者，为"任意复决"（Optional Referendum）。各种方法之采用与效果，略与上述创制情形同。

法国在大革命初期，即开始采用复决制，一七九三年《宪法》及一七九五年《宪法》均交人民复决；以后一七九九年《宪法》，一八〇四年拿破仑称帝及修改宪法，一八五二年路易拿破仑修改宪法及改共和为帝制，曾相继仿行；第三共和停止采用；第四共和一九四六年四月宪法草案及同年十月宪法，又提交人民复决；《第五共和宪法》，复相继采用。可见法国的人民直接立法，历史并不甚短，不过断续无常，未成定制，且多属于制宪复决，范围甚狭，控制国会的作用至为微弱。惟依《第五共和宪法》之规定，国会所通过之法案或条约，总统得提交人民复决，近年因阿尔及利亚问题，已付诸实施，是法国的复决对象，无论在法律上或事实上，均已扩及立法复决的范畴。

（二）国会与国家元首

法国自有国会以来，国家元首，或为君主国的帝王，或为共和国的总统，或为合议制的委员，或为独裁制的执政，而共和国总统中，又有内阁制总统与总统制总统之别，体制多端，与国会的关系极不一致。大体言之，凡属帝王、独裁制的执政，及总统制总统的时期中，国会的权力俱比较低落，反之则比较高涨。因之，变乱丛生，制度迭更，直至第三共和成立以后，始称趋稳定。

第三、第四共和，总统由国会两院议员联合选举，采虚元首制，总统不负实际政治责任，一切权力，名义上属于总统，实际上属于内阁，内阁对国会负责，形成国会专擅之局。

第五共和总统,改由国会两院议员、各省省议会议员、海外属地议会议员,及各区议会代表所组成之选举团选举,此种选举团组织庞大,约八万余人,其中国会两院议员仅占一千人左右,其对总统选举的影响力,至为薄弱,总统再不受其操纵或牵制。其次,放弃虚元首制,总统行使职权,不仅不受国会过分的限制,且有种种控制权力,综其要者:(1)总统有自由任命国务总理之权,不须征求国会之同意;(2)总统得向国会两院提出咨文,法律在公布期间内得要求国会复议,及提请宪法委员会审查法律有无违宪之权;(3)总统在法定情形下,经咨询国务总理、国会两院议长及宪法委员会后得采取紧急措施,又经咨询国务总理及国会两院议长后得宣告解散国民会议,此之所谓咨询,并非同意,最后决定权仍属于总统;(4)总统有召集国会临时会并令其闭会、向国会提出咨文而不得讨论,及国会所通过之法案或条约得提交人民复决等权。因此,第五共和的总统,对于国会的立法权,事前可用咨文,加以指示;事后可要求复议,提交人民复决;及交付宪法委员会审查等方法,加以牵制;最后更可用解散下议院,与之对抗。

(三) 国会与政府

法国政府组织,除君主、独裁及合议制等畸形组织外,大致以内阁制为主,自第三共和起,沿用至今。不过,内阁与国会的关系,各时期均有不同,则又未可一概而论。

第三共和的内阁,对国会两院负责,国会任何一院随时可通过不信任案,强迫内阁辞职,形成二元负责的内阁制。内阁本可请求总统解散下议院,但必须征得上议院的同意,因此,下议院的解散只能存在于两院冲突或上议院与内阁合作之时;倘两院合作,下议院即无解散之虞,而上议院根本不能解散。结果形成国会优越的内阁制,以致内阁时常改组,寿命短促。第三共和正式成立六十五年间,内阁改组一百零三次,平均寿命,不到八个月。

第四共和为稳定政局,曾有种种改革,综其要者:(1)内阁只对下议院负责,以纠正二元负责之失;(2)内阁要提出信任案,必须先经国务会议议决,以防止轻率提出之弊;(3)下议院信任案或不信任案之表决,均须于提案后经过一日始得为之,以谋内阁与国会之妥协,并须用记名投票法及获得过半数之同意,以示限制;(4)依宪法规定,在十八个月之内,因下议院否决信任案或通过不信任案而发生的两次阁潮时,内阁于征求下议院议长意见后,得经国务会议议决解散下议院,但此项规定,于国会任期开始十八个月内不适用之。实际此项规定,限制太严,终第四共和之世,只使用一次。凡上所述,均为第四共和与第三共和重要不同之点,结果,国会与内阁的关系,并无若何改进,只是下议院地位提高,由国会两院优越的内阁制,而变为下议院优越的内阁制。第四共和存在十二年,内阁改组二十六次,平均寿命,不到六个月,较之过去,尤为短促。

第五共和鉴于过去之失,断然采取若干比较彻底的办法,综其要者:一为国务总理之任命及内阁之组成,无须征求国会的同意;二为禁止国会议员兼任国务员;三为内阁虽然仍对国会负责,实际只对下议院负责,但下议院不信任案之提出及表决,均依宪法规定,限制甚严;四为内阁对于法律范围内的事项,得请求国会授权,于一定期间内,以命令处理之;五为内阁向国会提出之法案,有优先讨论的机会,讨论的次序由内阁决定。因此,国会的地位及权力,大见减低,所谓国会的优越性,不复存在。

(四) 国会与宪法的特设机构

法国宪法上的特设机构,始于第四共和,盛于第五共和,兹就《第五共和宪法》上的特设机构与国会有关系者略析述之。

1. 国会与宪法委员会

第五共和的宪法委员会(Conseil Constitutionnel),系沿袭第四共和的旧制而设立,为宪法监护机关,其地位较前提高,其权力亦较前增强。就其与国会有关系之点言之:一为组织,宪法委员会以委员九人组成,除总统任命三人外,国会两院议长各任命三人,委员不得兼任国务员、国会议员及其他职务;二为职权,委员会有监督总统选举,裁决国会议员的选举纠纷,监督人民投票,确定总统之不能视事,对总统紧急措施提供意见,裁决国会与政府间关于法律上之歧见,审查法律在未公布前有无违宪等权。据此,宪法委员会与国会的关系密切,不啻为国会与政府的监督机关或仲裁机关。

2. 国会与弹劾审判院

"弹劾审判院"(Haute cour de justice),也是因袭第四共和的旧制而设立,为总统、国务总理及国务员犯罪的特殊审判机关。就其与国会有关系者言,审判院在国会两院每次全部或部分改选后,由国会两院就其议员中选举同数委员组成,对于国会所提出之弹劾案,依法审判之。是为国会对于政府高级官员应否制裁之最后的决定。

3. 国会与经济及社会委员会

经济及社会委员会(Conseil économique et social)是由第四共和的经

济委员会(Conseil économique)扩展而来。凡有关国家之经济或社会问题,政府及国会均得向该委员会征询意见。该委员会对政府送交之法案、条例或命令,以及国会送交之议员提案,得加以审议,指定委员一人,向国会两院提出报告。据此,该委员会是政府及国会的咨询机关,而不是议决机关,已可概见。

4. 国会与法兰西协合国

法国为维持殖民地之存在,《第四共和宪法》有"法兰西联合"(Union Française)之设置,但联合基础脆弱,未能发生效果,第四共和竟因之倾覆。第五共和成立,为解决此问题,于新宪法上,又有"法兰西协合国"(Communauté)之设立。论其性质,既不同于不列颠国协或邦联,亦不同于真正的联邦,还是介于邦联与联邦之间的特殊组合,较第四共和的联合,微有进步。论其组织,就与国会有关系者言,厥为协合国的参议院;参议院由法兰西共和国国会及各分子国议会选出之代表组织之;各分子国所选出代表之名额,应视人口多寡及其对协合国所负责任之轻重而定;参议院每年举行会议两次,审议共同经济财政政策,并讨论与协合国有关之重要国际条约及措施。由此可见,法国国会不仅是协合国参议会的最大选举团体,抑且是居于领导地位,已无疑义。

(五) 国会与政党

法国自有政党以来,向为多党制,且为多数小党制,是为法国政党政治之一大缺点。

一七八九年大革命时期,初有政党之始,国民会议中,即有吉隆德党主张保守,加谷班党主张激进,中间党(Centre)依违于两党之间。

第二共和国会中,有保皇党(Royalists)、共和党(Republicans)、社会党（Socialists），党中分派，思想纷歧。

第三共和国会中，党派愈趋复杂，初有保皇党、共和党及社会党，后有法兰西人民党（Frenchmen）、民主同盟（Democratic Alliance）等为右派，进步党（Progressists）、拥护共和党（Republican Defence）、共和民主党及激进民主党等为中间派，激进社会党（Radical Socialists）及社会党等为左派，"第一次大战"后，更有共产党（Communists）为极左派。

第四共和国会中，依然党派林立，右派有法兰西人民同盟（Assemblage of the French People）或称戴高乐派（Gaullists）及自由共和党（Republican Party of Liberty）等，中间派有社会党、激进社会党、人民共和运动（Popular Republican Movement）等，左派为共产党，最后复有布加德党（Poujadists）为特右派。

第五共和一九五八年国民会议选举结果，得有议席者，尚有新共和联盟（一七八席）、天主教民主党（五十七席）、社会党（四十三席）、激进社会党（四十六席）、共产党（十席）、独立派（一二三席）及其他所选出的议员（二十六席）。

依据上述，可见法国国会中，始终党派纷立，任何一党不能有绝对多数的议席，只有临时结合，组成脆弱的政团，纵横捭阖，离合无常，实为法国政局不安之主要原因。最近，一九六二年十一月大选，在新的国民会议全部四百八十二议席中，戴高乐派的新共和联盟得二三三席，天主教民主党得三十八席，社会党得六十七席，激进社会党得四十三席，共产党得四十一席，独立派得五十席，其他得十席。戴高乐派大获胜利，渐能接近半数，加之支持者，已获得绝对多数，在法国诚属罕觏，未来演变如何，可拭目以待。

五、法国国会制度的精神与特点

（一）法治精神

法国自一七八九年大革命后，不管政治制度如何改变，其间或为共和，或为君主，甚至如拿破仑之独裁，对于国会制度之建立，始终重视，无不订诸宪法，共昭信守，且必依法选举，如期召集，此实为法治精神之具体表现。

（二）调和精神

法国历次国会制度，除必须订诸宪法外，尚有一特色，即国会制度的调和性。如一七九一年的国会制度，是革命与保守的调和；一七九五年的国会制度，是激进与缓进的调和；以后各次制度，无不有其调和之点，如法国为单一国，且无阶级之分，国会组织在理论上应采一院制，但自第三共和以来，均采两院制，而使两院权限不同，此又可谓为一院制与两院制的调和。

（三）适应精神

法国国会制度，极富适应性，凡遇时代环境变迁，国会制度无不力求适应。例如二十世纪社会主义兴起后，第三共和国会选举即容纳职业代表制；又如欲增强政府权力，第五共和国民会议的权限即为之减缩；均其著者。

（四）革命精神

法人固非蔑视传统者，但于国会制度的改革，往往作一百八十度的转变，颇富革命精神。如第四共和推翻第三共和之两院平等制，而为下议院特殊优越制；又如第四共和的议员得兼任阁员，而第五共和则变为禁止议员兼任阁员制，均属其例。

上述数项，固然是法国国会制度的精神，同时也可说是特点；下列数项，只能说是特点，而不能说是精神。

（五）议会权力消长无定

就议会对政府言，有时议会权高，如第四共和是；有时议会权低，如第五共和是。就国会两院相互间言，有时上院权高；如第三共和是，有时下院权高，如第四共和是；有时两院权力相侔，如第五共和是。法国议会权力消长无定，与英美议会权力不轻易变动，颇不相同。

（六）事实重于理论

法人本善理论，但自一七九一年及一七九五年《宪法》两次失败后，益以第三共和基于事实而成功，自是以后，对于政治制度，多顾事实而少重理论。故法国的国会制度，很多不合理论，例如单一国采取两院制，第四共和之一院制与两院制的妥协，第五共和之缩减国会权力等，皆属之。

（七）形式与内容不尽相符

法国国会制度，形式与内容往往不符，例如第四共和国会，形式上为两院制，实则上院为咨询机关，无异一院制。又如第五共和国会，形式上亦为两院制，实则其他特设机构，均分享国会职权，无异多院制。

（八）上议院代表基础薄弱

议会组成，重在代表基础，代表基础稳固，则议会权力健强。法国是单一国，上议院代表基础脆弱，略与现代英国上议院近似，而与美国上议院则显有差别。

《各国国会制度》（正中书局1981年版）"法国的国会制度"篇

各国政党政治（节选）

法国的政党政治

一、法国政党简史

法国是欧洲大陆最早产生民主革命的国家,但是法国之有政党出现,却比英国晚了一百年;而法国自有政党以来,就是一种小党林立的多党制,其结果在第三、第四共和时期,造成下列情形:(1)议员跋扈,议会专横,形成议会优越的内阁制;(2)议会内任何一党不能有绝对多数的议席,只有临时结合多数党派,组成脆弱的政团;(3)内阁寿命短促,据统计第三共和自一八七六年至一九四〇年间,成立内阁一〇三次,平均寿命不到八个月,第四共和自一九四五年至一九五八年间,成立内阁二十六次,平均寿命不到六个月;(4)内阁改组,政策并无大变动,因既为多数党联合内阁,每次改组,仅二、三党派领袖退出,新阁中仍保留若干旧阁员,故内阁虽有更动,而政府政策则大体不变。由于这些事实,使法国政局复杂而不安定。推究法国多党制形成的原因,大约有下列数端:(1)历史背景:一七八九年以后,革命频仍,政权转移太繁,每一变革,任何派别均可成立团体,形成政党;(2)国民习性:法人赋性不羁,酷爱自由,不肯多受拘束;(3)地理环境特殊:法国位于欧洲中部,易受时代潮流激荡;(4)政治兴趣浓厚:法国向为农业国家,工商业较英美落后,国民多喜参加政党,从事政治活动,以谋出路;(5)领袖观念强烈:法人素爱崇拜英雄,故凡具有或拟造成特殊地位者,均欲独立组党而不肯屈居人下。

　　法国政党的历史,可以追溯至大革命时期。一七八九年大革命爆发,法王路易十六(Louis XVI, 1774—1792)应国民要求,召开"国民会议"(Assemblee Nationale),当时会员分为三派,其一为"吉隆德党"(Girondists),因该党最初的党员来自吉隆德(Girond),故名,这一派的党员,大多都是外省的富裕阶级,他们不信任巴黎民众,反对暴动,著名的罗兰夫人,就是吉隆德党员;其次是"加谷班党"(Gacobins),亦称"山岳党"(Mountainists),这派党员多是中产阶级分子,他们代表巴黎工人,主张激进,拥护共和政体,施行恐怖政治的罗伯斯庇尔(Robespierres)、丹东(Danton)和玛拉(Marat)等,就是"加谷班"党员;第三是"中间党"(Centre),亦称"平原党",或称"沼泽党",这派党员,占国民会议议员中之大多数,他们没有一定政见,依违于"吉隆德""加谷班"两党之间;最初他们追随"吉隆德党",一七九三年,转而赞助"加谷班党"。

　　大革命时期的政党,可以说是有政党的形态而无政党的意识,因为,当时的三个党派,只是由于社会环境和政治情势,使他们结合成一个团体,他们并没有具体或有系统的政治主张,所以严格地说,这一时期的党派,并不是真正的政党。

　　一八一四年,拿破仑失败后,包本王朝的路易十八(Louis XVIII, 1814—1824)复辟,实行君主立宪政体,国王掌握立法和行政大权,议会为两院制,贵族院由国王任命组成,下议院则由普选产生。这个时期法国的政党,仍分三派:一为"保皇党"(Royalists),党员多为包本王朝的贵族,他们主张行君主政体,并恢复过去的特权;二为"温和派"(Moderates),这派党员主张行君主立宪政体,他们拥护一八一四年的

《宪法》；三为"激进派"（Radicals），党员包括共和党人和拿破仑党羽，他们的主张虽然不尽相同，却都以推翻包本王朝为其共同努力的目标。当时在下议院中，三派的势力互有消长。

一八四八年，法国第二共和成立，当时的国会中，政党更明显地分成三派。一为"保皇党"，其内部又分成两派，右派仍主张行君主政体，左派主张改革政治，以后的第三共和第一任总统帝爱尔（Adolphe Thiers），即为左派首领；二为"共和党"（Republicans），主张共和政体；三为"社会党"（Socialists），这一派党员分子复杂，思想纷歧，主要代表人物有：彼爱尔·赖路（Pierre Leroux）于一八三八年创"社会主义"（Socialism）一词，主张经济的生产与分配，由社会管理；圣西蒙（St. Simon）主张消除贫穷，改私产为公产，平均分配；路易·布朗（Louis Blanc）主张国营工厂，由工人管理，无形消灭资本主义。

法国第三共和时期，党派愈趋复杂，主张君主政体的"保皇党"，因为所拥护的王室不同，内部又分裂为"包本"（Bourbons）、"奥良"（Orleans）及"波那帕特"（Bonapart）三派，后来因见共和政体稳定，复辟已无希望，于是改变为"保守党"，成为以后的右派。

主张共和政体的"共和党"，也因倾向不同，分为"温和"与"激进"两派，他们成为以后的中间派。

主张社会主义的"社会党"，则与上述两派鼎立而成为左派。从此以后，法国政党间的离合变化无常，不过，均以此左、中、右三种态度为基础，常常结合成临时合作的集团，名曰"政团"（Political Group）。所谓"政党"（Political Party）则是指政团内的各个党派而言，因此，政团并不是政党。

第三共和时期的政党，在组织上并不很健全，对于在议会里的党员，党部很难加以约束，对于选举工作，也很少有组织运用规范的行动，因为这时期法国的时代背景,仍是传统的个人主义社会,因而政党虽富于象征主义和观念主义,却缺乏现实主义。

虽然第三共和时期,法国政党派别复杂,但是法国的政治,实际上却很保守的,直到一九一四年第一次世界大战发生,才使法国政治有新的变化。

第一次世界大战结束,随着胜利而来的,是各种棘手的善后问题,例如灾区的重建,失业的救济,通货的膨胀以及预算的平衡等,都是必须面对现实去求解决的,这个时期的政党,要想在政治上有所作为或表现,非得有具体的主张和切实的办法不可,因为经济问题和社会问题,已经形成法国政治上最重要的两大课题。

第一次世界大战后,法国政党的形势,大致可析述如下:

1. 共产党

法国共产党成立于一九二〇年,他们主张无产阶级专政,认为惟有共产才能解决法国战后的经济困难,他们觉得社会党的社会主义不够彻底。共产党成立之后,发展十分迅速,有一部分社会党员,竟脱党而加入共产党。一九二四年大选得八十七万五千选票,一九二八年大选得一百零六万三千票,一九三二年减至七十八万多票,可是,一九三六年竟增加到一百四十八万七千选票,这时,共产党是加入了社会党领袖勃伦姆领导的"人民阵线"(Front Populaire)而积极活动的。

所谓"人民阵线",乃是左派政党的联合内阁,除了共产党之外,还有社会党和共和党的激进派,实际上,这个"人民阵线"便是共产第三国际所策动的。

自一九三五年以后,共产党便采取了一种独立的趋向,渐渐脱离了左翼联合形势而自谋发展。直到第二次世界大战以后,共产党才参加竞选涉足议会,在第一次制宪会议和第一届国民议会中,共产党都获得议席最多，在第二次制宪会议中，也得到一五三席而成为第二大党；并且与社会党、人民共和党共同组织联合政府，直到一九四七年五月，共产党才与其他政党分离而退出政府。

法国共产党崛起之快与发展之速，在地域上和数目上，都是惊人的，推究其原因，不外下列几点：

（1）迎合国人心理，最初极力反对法西斯主义，德苏签订友好协定后，乃高唱反战口号，德苏开战后，又鼓吹对德抗战，其党员并参加抗德战争。

（2）斯大林宣布解散第三国际后，法人误信共产党已脱离了国际共产组织而成为国内的政党。

（3）共产党员善于活动，最初他们领导民族阵线，继而加入法兰西民族委员会，以后又加入戴高乐的临时政府，使人产生错觉，认为它是普通的一个政党。

（4）在二次世界大战期间，共党的敌后游击队和地下的工作人员，深入农村与广大农民接触，甚得农民之同情。

（5）战后在德军占领过的地区，广泛渗透，吸收党员。

共产党除了善于利用时机，它的组织情形特殊，也是发展迅速的一个因素。共产党的基本组织是小组，这些小组遍布各地，视当地环境而人数多寡不一，有的多至三十人，有的则只有三五人；小组经常开会，它们是共党的工作单位和活动单位。由同一地区的若干小组，组成分部，分部之上更有支部，支部之上则为全国代表大会。全国代表大会每两年举行一次，选举委员六十至八十人，由这些委员组成中央委员会，约每两个月开会一次。共产党中央机构的实际权力，掌握在政治局和书记处的手中。政治局设委员十四人，书记处设书记四人，其中一人为总书记，余外三人分掌宣传、组织、训练工作。共产党的组织精神类似军队，政治局对议会中的党员，常常发布命令指挥其投票。在群众运动中，共产党对工人和青年都十分重视,许多党内重要干部,均由青年充任。

2. 社会党

法国在一八七九至一八九九年间,有六个以社会主义为标榜的政党,其中以"法国工人党"为首要,到了一九〇五年,只剩下两个,他们合并起来,成为"工人国际法国支部"(La Section Française de L'Internationale Ouvriére 简称 S. F. I. O.),这便是法国的社会党。一九二四年,社会党与急进社会党联合而形成国会中的多数;一九三六年的人民阵线,就是在社会党领导之下组成政府。第二次世界大战时期,社会党部分人士与贝当元帅的维琪政府合作,一部分人士则拥护共和,支持政府对希特勒抗战,因此而使该党内部分裂。"二次大战"之后,该党仍因意见分歧而未能在选举中获得胜利,该党领袖欧礼和、高恩、勃伦姆、拉玛迪、莫莱等人,均曾出任总统或总理。

法国社会党有确定的党纲,他们主张推行社会政策和集体化的经济制度。社会党组成的分子非常复杂,除了大部分是工人外,还有不少中产阶级分子和农民。

社会党的最高权力机关是全国代表大会,全国代表大会每年举行一次,闭会期间,党的中央权力机构则为全国委员会和执行委员会。全国委员会由各省级党部各选代表一人为委员,三个月集会一次,开会时,执行委员会及该党在国会的党部均派有代表列席,但不参加表决。执行委员会主要任务在决定党的政策,以及指导督促在国会和内阁的党员,执行该党的决策。一九四四年以后,执行委员会更名为指导委员会(Directive Committee),并于一九四六年全国代表大会中决议,加强指导委员会的权力。但因该党党内派别复杂,该会迄未充分发挥权力。

社会党的基层组织是分部,多以地方行政的基层单位为范围,党员约半个月或一个月集会一次,讨论党务和政治问题。分部之上为省党部,各省党部至少包含五个分部及一百名以上的党员,始有资格选举代表参加全国代表大会。

3. 激进党

成立于一九〇一年的激进党,正式名称应是"激进共和社会党"（Parti republicaiu radicalet radical Socialiste）,或称"激进社会党",是各党中历史较久的一个。

第一次世界大战后,激进党在选举中经常得到很大的胜利,该党出任内阁总理的党员,人数亦最多,著名的克里孟梭（Clemenceau）便是该党党员,在他担任总理时期,也是激进党声势最盛的时代。直到二次世界大战之后,该党因鼓吹反教会主义而受影响,所得选票远不如战前之多,声势显有退步。

该党党员,以中产阶级与自由职业者居多,故该党地方党部的权力较大,工作亦较活跃,全国委员会设于巴黎,组织反较松懈。负责党务的机关是执行委员会,委员七十人,四十人由全国委员会选举,任期两年,每年改选一半;此外的三十人,由担任议员的党员中推选产生二十五人,另外五人则由内阁官员及党务负责人担任。

第二次世界大战之后,该党因为选举失利,于是和民主社会抗敌同盟（Union democratique et Socialiste de la resistance）等政党联合,组成左派共和联盟（Rassemblement des gauches republicaines）;但是这个联盟的政策,仍是以保守的成份为多。所以,激进党名为激进,实则较社会党尤为保守,其政策内容,缺乏社会主义精神,仅为拥护民主自由及共和政体而已,因此成为中间偏右政党。

法国的政党,在第三共和时代,不论是偏左的或是偏右的,不管是激进的或是保守的,虽然他们在政治主张上有不停的争论,但是在政党的组织与纪律上,却从来没有极严格的分际,因此,倘就政党的主义而言,很难使人得到明确的概念,这个情形促成法国在第二次世界大战后,第四共和的政治有很大的变迁。

第二次世界大战后,第四共和成立,这个时期中的政党,数目既多,活动情形又颇复杂,择其要者分述如下:

1. 人民共和党(Le Mouvement Républicain Populaire 简称 M.R.P.)

这是法国在"第二次大战"后最先成立的一个新政党。

它的构成分子,包括了战前人民民主党、青年共和党和人民行动党的一部分,在政策上,它也把以往右派的传统精神,左派的民主政治传统,以及旧的极左派的社会化传统,综合连系起来,形成一种新的行动。它主张大规模的社会改革,这是它与社会党或共产党相似的地方,但在另一方面,它却又主张亲西欧集团的外交政策和以国家财政津贴天主教会学校的教育政策,这是与保守政党较为接近而与共产党相反的。

该党的组织,与社会党相似,但党中领袖的权力较社会党领袖为多,党员的纪律亦较严格。该党省级党部必须具备三种条件,才有资格选派代表参加全国代表大会:(1)属下有五个分部,每个分部有党员十人以上;(2)所属党员满一百人;(3)党务活动在六个月以上。出席全国代表大会的代表名额,以党员人数为比例而分配,五十人至二百人的党部,选派代表一人,二百人至五千人的党部,每多一百人增加代表一人,五千人以上的党部,每多二百人增加代表一人。

全国代表大会闭会期间,由全国委员会及执行委员会行使职权,前者每两个月集会一次,后者每半个月集会一次。该党的全国委员会委员和执行委员,多由议员或担任部长职务的人担任,由于这种关系,该党的决策容易在内阁及国会中得到党员的支持。

一九四六年的大选,人民共和党因为获得以往的左右两派的分子支持,得到了很大的胜利,共获五百零五万八千三百零七万票,占总票额百分之二十六点四,取得一百四十三个议席,成为法国第二大党。一九五一年的大选,得选票二百三十五万三千五百四十四票,占总票额百分之十二点三,取得九十一个议席,退居为第五大党;虽然四年间该党的选票和议席减少,但是该党声望依旧不弱,他们的领导人物皮杜尔(Bidault)和徐满(Schuman),曾经在法国第四共和的二十个内阁中,交相担任过十八次外交部长,在他们主持下的法国外交工作,有很显著的成就。徐满的"徐满计划",促成了欧洲国家的煤钢铁联合经营,进而奠定今日欧洲共同市场的基础,导致欧洲由经济团结而迈向政治团结。皮杜尔的"西方集团"政策,支持北大西洋同盟和欧洲联军组织,形成日后欧洲的稳定局势。

2. 法兰西人民同盟(Le Rassemblement du Peuple Frangais 简称 R. P. F.)

这个在一九四七年四月,由戴高乐领导组织的政党,是法国第四共和时代第二个新的政党。戴高乐于一九四五年任法国临时政府领袖,他在大战期间,领导法国自由运动,有很高的声望,但是战后却因政见问题而退出政坛,未几即以在野之身起而组党。

据戴氏在组织法兰西人民同盟时之表示称,该同盟是法国人民超党派的大联合,除共产党外,其他政党党员也可以参加该同盟。当时因法国共产党声势嚣张,而且经济和殖民地问题又困扰着法国,因此,一般人民对这个同盟颇寄厚望,以致法兰西人民同盟发展极快。一九五一年的大选中,该同盟竟获得四百十三万四千八百八十五票,取得一百十八个议席,跃登议会中第一政党之位。

戴高乐一向主张加强行政权力,他认为法国议会强大的权力,造成政客们掀弄政治风潮的恶习,要想使法国获得强有力的政府,非得修改宪法不可。他坚决主张总统应由一个扩大的选举团来选举,不应再由国会两院选举,而总统也得自由选择其内阁,他的这种主张,等于是把法国的内阁制度改变为总统内阁制,甚至于改为总统制。

在外交方面,人民同盟主张独立自主,极力想摆脱英美的束缚,他们认为法国应在美苏两大阵营之外,有其自己的立场。因此,他们主张法国应该在军事和经济上,积极自力更生谋求发展,对欧洲北大西洋公约的态度,戴高乐是反对这种超国家权力组织的。

对法国的经济政策,法兰西人民同盟主张采行资本主义式的企业制度,改革经济企业的组织,使资本与工作联合,消除阶级斗争和自由资本主义的冲突,同时并主张由国家直接领导劳工成立广大的劳工组织。

法兰西人民同盟在组织上,是实行严格的中央集权式,因而遭受批评为独裁主义。该党的议员在议会里投票,须服从党的纪律约束,如有违反,则予开除党籍处分。一九五二年,许多党员因不愿受约束而脱离该同盟。因此,在地方选举中,该同盟选票减少了三分之二,国会中也减少了许多议席。

3. 社会党

战后的社会党,比之一九三六年时期,稍为强大了一些,但在各种选举工作中,多遭失利,声势日渐低落。这是因为该党的高层负责党员与基层党员,在意见上发生分歧,以致选民转移而他去。

以代表工人阶级为标榜的社会党,实际上并不完全代表工人,也不完全以工团或工会组织为基础。事实上,他是由工人、公务员、店员、教员以及农人等组合而成的,若与英国相较,更可显见法国的社会党不是真正代表工人的政党,他不像英国的工党,是以工会组织为主要基础的。

由于其组成分子的不一,社会党很难决定明确的主义,也不容易制定出为党内各派共同支持的政策。比较说来,社会党是中间而稍为偏左的政党。

一九四六年的大选,社会党获得三百四十万九百五十四票,占总额百分之十七点九,取得议席九十九位;一九五一年的选举,得二百七十六万四千余票,取得一〇七位议席,居于议会中第二大党之位。其领导人物有勃鲁姆、傅尔、莫勒、莫许、欧礼和等人。

4. 激进党

二次世界大战之后,激进党加强组织力量,在西南部农业区域,力求发展,获得很大的成功。激进党在战后的活动,是一种与其他政党联合的集体活动,激进党以本身为中心,包括"民主及社会抵抗联合会"(union Démacratique et Socialiste de La Resistance)在内,联合左翼政党而组成左翼共和同盟(Rassemblement des Gauches Républicaines 简称 R. G. R.)。这个号称为左翼的共和联盟,实际却是一个中间偏右的政团。

左翼共和同盟,反对真正左派所提的方案,反对经济的社会化。民主及社会抵抗联合党,一度与社会党合作之后,终于又宣告破裂,他们企图在各地成立自己的组织,但是结果却失败了,只有一小部分议员在议会中活动。

一九四六年的大选,左翼共和同盟得二百三十八万一千余票,占投票总额百分之十二点四,得议席六十位;一九五一年的大选,得二百十九万四千余票,占投票总额百分之十一点五,取得议席九十五位。

左翼共和同盟,拥有好几家销路颇广的报纸,因此在新闻宣传上,左翼共和同盟颇具潜力,他们经常利用报纸舆论,造成有利的情势。

5. 农民党(Le Parti Paysan et d' Abtion Sociale)

介乎右翼与激进党之间。较有右倾趋向的农民党,成立历史很短,该党于"二次大战"后,在中部几个省份,征集基层分子,组成支部,并由该党议员代表构成的许多委员会,综合组成"独立的全国中心"(le Centre national des indépendant),颇思有一番作为,但是由于该党内部人常起冲突,自相排挤倾轧,以致该党的组织处于破碎状态,不能发生很大的作用,也未得到良好的发展。按说法国是农业相当重要的国家,全国人口中,农民占了百分之三十五,倘能把握情势,获得农民支持,一个真正代表农民的政党,应该可以成为相当雄厚的势力,可惜法国并没有真正能够代表农民的政党。

6. 布加德派(Poujadists)

这是法国新兴的党派,系于第四共和第二届国会解散后,声明参加竞选时开始成立,该派原非有计划的政治组织,乃是一个超越政治的职业团体,由若干小本工商分子为保障个人切身利益,在布加德(Poujad)策动之下而成立。该派成立之初,不断发生抗税的运动,因此遂形成政治性组织,以布加德为号召偶像,反对法国所行的代议制度(Regime Parlementaire)。他们主张召开如大革命时代的国民会议(États Généraux)以改造法国。

这一党派由于参加分子甚多,因此发展极快,他们主要的势力是以商人与手工艺者保障协会、农民保障协会、法国青年协会、生产人员保障协会、公职人员协会等为基础,在一九五六年的大选中,该派获得众院议席五十二位。布加德本人是一个独裁、顽强及不满现状的绝对国家主义者,因此,在他领导下的党派,遂被公认为畸形的右派。

7. 独立派

法国没有真正的独立右派政党,因为右派的党派,经常发生变化。比较历史悠久的,是"民主联盟"与"共和联合"两个组织,但在第四共和开始时,因为两派领导人的争夺权力,也使该两党力量减弱。以后的"自由共和党",虽然希望收拾右派残余分子重整旗鼓,但是为时不长,也湮没无闻了,故而右派分子多自称是独立派。惟有"独立共和党"(Républicains indépendants)在兰尼尔(Laniel)领导之下,于一九五三年组织政府,算是代表右派政团的一个政党。

8. 除了上面所述各党之外

法国的共产党在"二次大战"之后,有极为惊人的发展。直到一九六二年的大选,共产党开始被戴高乐集团压倒,而且首次遭受选民的唾弃,由历次选举中得票最多的一党,一落而为第五位。在坚决反共的戴高乐主政下,法国共产党的前途将更趋黯淡。

法国是多党林立的国家,国会中没有任何一党有过半数的席次,内阁一向是多党拼凑组成。因此,内阁的基础非常不稳定,尤其当国家处境困难时,遇有重大难以解决的问题,内阁便会发生变化。

内阁更易的频繁,造成政府的软弱无能,同时因其具体的政策不容易得到足够的支持,使任何一个内阁也难以有所作为。政局的动荡不安,加上第四共和以来法国所遭逢的几件严重困扰(一,国际地位的低落;二,财政上的困难;三,殖民地[尤其是北非]的纷争),使法国人民在久变之余,产生厌变望治的心理,终于经过一场重大的政变而产生了第五共和的新法国。

这次法国政局之重大变革,直接的导火线是北非殖民地问题。阿尔及利亚一百三十万法国移民和四十余万法国驻军,不满巴黎政府对北非殖民地的妥协政策,于一九五八年五月十三日掀起暴动,十四日组成公共安全委员会,以对抗巴黎中央政府,要求第二次世界大战期中的英雄人物戴高乐出而主政,逼使傅礼林内阁下台。

表面上看来,法国政变似是极右派分子的愤激行动,但细加研究即可发现,此一政变实有其长远的影响与背景:

一、法国虽是民主共和政体的先进者,但过激的思想,在法国仍甚流行。法国共和政体曾三度夭折,即属其例,法国人民对民主共和政体的信心,实不若英美人民的坚定,因此每遇重大困难,政府无法解决时,法人不免发生共和政体无能之感。

二、法国军人基于爱国心与荣誉感，每喜奋其智勇，介入政治，而使政局发生激变。推翻第一共和者为拿破仑，推翻第二共和者为路易·拿破仑，推翻第三共和者为贝当，此皆军人干政之先例。第四共和之倾覆与第五共和之缔造，促成最力者，仍是法国军人。

三、左派政党分子，过分恐惧政府专政的恶果，不愿政府坚强有权。因其矫枉过正，反而使政局无法安定。软弱无能的政府，更易为野心分子利用，造成独裁专政的局面。

四、法国政党林立，国会中各党派势力不相上下，任何一党均无法获得绝对多数，也即无法控制国会支持内阁。内阁的频频更换，使原已缺乏权力的政府更加脆弱。

五、法国国际地位低落、财政困难、殖民地纷争迭起，这些问题不是任何一个寿命短促而且软弱无能的内阁所能解决的。在军人和民众的要求之下，中间派的政党为了避免内战，也不得不附和极右派，支持戴高乐出而主政。

戴高乐于一九四四年九月主持临时政府，一九四五年十一月出任第四共和第一任内阁总理。到了第二年（一九四六）一月即因政见不合而退出政坛，一九四七年四月，他以在野之身组织了法兰西人民同盟。同年参加地方选举，一鸣惊人得票六百余万。极右派势力于是一时崛起，迫使法国政府排斥共党退出内阁。一九五一年六月大选时，戴高乐的极右派获得一百十一席，跃居第一大党。

虽然极右派颇有发展，但是戴高乐本人却始终未有机会再出而主政，以后法兰西人民同盟的势力也有分散。一九五六年的大选，极右派拥护戴高乐者，只得二十余席，但经常受戴氏影响者，仍在百席以上。极右派分子主张对北非采强硬政策，对内则坚主政府集权。这种主张，使法国军人和厌变的民众寄予一种新的希望,他们希望由戴氏的主政而使法国起衰振疲。

法国是仅次于英国的殖民大国,在海外有广大的属地。第二次世界大战以来,各殖民地因民族运动而掀起了不停的反抗,法国已尽其可能让属地独立自主,但北非的阿尔及利亚,法国却不肯轻易放手。因为,阿尔及利亚的位置,正在法国的南面,与其本土隔地中海相望。法国自一八三〇年由土耳其手中取得这块比法国本土大四倍的土地后,已经惨淡经营了一百二十余年,法国移民多达一百二十万人,这些移民在阿境内多已居住数代,掌握着重大经济利益。"二次大战"之后,法国在体制上,已使阿尔及利亚成为本土之一部分,要想使法国放弃阿尔及利亚而让它独立,事实上几不可能。

一九五一年以来,阿尔及利亚与摩洛哥和突尼西亚,先后掀起反法独立战争。一九五三年,法国允许摩、突两国独立自治,但对阿尔及利亚却不肯放手。到一九五七年时,法国派到阿境的军队已经达到四十万人,而每年所开支的军费,约为十亿美元,但是清剿叛军的效果却不大,徒使国内经济受到影响,国际间遭受压力,巴黎政府殊感进退维谷。

一九五八年五月,阿境移民和驻军,听说新总理人民共和党的傅礼林提出使阿境获得有限度的自治时,于是发动了对巴黎政府的抗变。北非军民首先发难后,内阁尚图压抑平息此种政变,但是法国重要将领先后表示支持北非军民抗拒,法国地中海舰队更以行动支援,继之法国本土的军民也响应抗变行动。至此,傅礼林内阁不得不被迫辞职,戴高乐在军队支持、民众拥护和各派协议下,终于获得国会的大多数通过而再度主政。

在此次政变中,法国各党派对戴高乐主政支持及反对的情形,大致可分述如下：

1. 人民共和党

党内支持戴高乐者很多，受天主教影响甚大，领导人皮杜尔、徐满，在政变时该党支持戴高乐甚力。

2. 独立派

是当时国会中右翼分子的政团，领导人为兰尼尔与雷诺，他们积极支持戴高乐主政。

3. 激进社会党

这个保守性的政党，由小资本家、教授、学者为其构成分子，领导人物为达拉第、葛义等，政变时，该党以三十票对十票，表决通过支持戴高乐。

4. 社会党

在此次政变中，社会党居于举足轻重的地位。该党中一部分人士反对戴氏甚力，经该党元老曾任总理的赫礼欧劝导，复经两次投票表决，结果党内意见仍未能一致。第一次表决赞成戴高乐主政者与反对者为六十七比二十，第二次该党上下两院议员联合表决，结果赞成者与反对者为七十七对七十四。因票数接近，于是决定在此一问题上自由投票。该党一向团结并在投票行动上采一致立场，此次之分裂，竟使该党领袖莫勒愤而辞职。

5. 浦嘉德派

这个极右派的政党，自一九五三创立，至一九五六大选时脱颖而出以来，一向坚主极右政策，在政变时，他们积极支持戴高乐主政。

6. 共产党

是唯一坚决反对戴高乐的政党，他们企图煽动大罢工及示威游行，抗议戴氏的主政，但响应者很少。

当时在法国六百二十七席总议席中,约有四百席支持戴高乐出而主政。

戴高乐掌握政权后,获得为期半年的临时授权,以应付紧急的法国政局。戴氏乃积极筹划修改第四共和宪法和解决北非问题两大工作。他首先成立宪法咨询委员会,一九五八年七月廿九日,向该会提出新宪法草案,几经修改定案后,依循合法程序由内阁于八月廿日通过,并决定付诸公民复决。

新宪法于九月二十八日在法国本部及海外各属地举行复决,戴高乐获得压倒性多数的支持而顺利通过了他所制定的新宪法。法国政府随之于同年十月五日正式公布,第五共和遂正式产生。

在新宪法公布后的四个月内,法国一连串举行了议会选举和总统选举。改选后的第五共和议会,议员数额减少至四百八十余席;第五共和的第一任总统,也由众望所归的戴高乐当选。于是,法兰西共和国以一个崭新的姿态,出现于国际。

法国第五共和新宪法的内容,与旧宪法比较,其相异之处,分析言之,可有下列各项:

1. 总统权力增强

依照旧宪法,法国是内阁制,行政权在内阁,总统只是名义上的国家元首,并无实际权力。新宪法却畀以总统自由任命内阁总理与解散国会之权,并在国家面临危险时,总统得咨询内阁总理国会两院议长及宪法委员会后,行使特别紧急处分权。

总统又可应国会两院或内阁之要求,将争论中的法案,提交全国公民复决。因此,依照新宪法,第五共和的总统,成了实际握有行政大权的国家元首,法国也不再是内阁制,而是一种总统制与内阁制的混合制,可以说兼有二者之长。

2. 政府地位稳定

依照旧宪法,总理是由国会大多数之投票通过支持而任命的,总理须对国会负责,国会完全控制着内阁,以往因为国会中政党势力分歧,没有一党可获得有力的多数,因此内阁难产,而垮台则极容易。新宪法则规定总理由总统自由任命,虽然仍须向国会负责,但国会要提出不信任案,必需十分之一之议员连署,经大多数之同意才能成立,如提案不能成立,则原始之提案反对者在同一会期中不得再提异议。这项规定使倒阁的可能大为减少,同时新宪法又规定,国会议员不得兼任内阁阁员,如出任阁员即须放弃议席。这项规定可防止议员们为谋求某一职位而策动倒阁。另外,国会在成立一年后,总统如认为有必要,经咨询内阁总理及国会两院议长后,得宣布解散下议院,这又可以减少议会兴风作浪的情形。

3. 议会权力的限制

由于新宪法使总统权力增强,加以内阁地位稳定,议会权力已相对缩减。另外新宪法还有一项直接的限制,即规定国会每年的会期最多为五个半月,较之旧宪法,短少一个半月,这无异是减少了议会的活动。

4. 关于海外属地

海外属地有权作下列三种选择:(1)保留其在共和国内的现在地位;(2)依其自己议会的议决,成为法国的一省;(3)依其自己议会的议决,加入法兰西协合国(Communauté),成为分子国之一。各分子国得自由处理内政,但协合国有权控制外交、国防、经济和财政。新宪法并规定,任何反对宪法之殖民地,即表示其立即与法国脱离。不过,阿尔及利亚主要部分,当时认为是法国本土之一部,不适用此一规定。戴高乐此一措施,是显示他对新宪法上的规定,志在必成。结果事实证明,除西非几内亚反对者外,其他各殖民地均以压倒多数支持新宪法。

第五共和的《宪法》，使法国总统已拥有很大的权力，可以应付国家艰危之局，事实上，自第五共和成立以来，戴高乐已经相当顺利地完成了许多重大任务，诸如：

一，修改宪法成功，使法国产生稳定有力的政府，四年多期间，法国只换了一次内阁总理。二，戴氏执政以后，经将近四年的努力，终于一九六二年与阿尔及利亚达成协议，让阿尔及利亚正式独立，解决了法国多年来最棘手的困难问题。三，加强法德合作，使两国化世仇为密友，在国际上相互依赖支持，形成欧洲重心。四，重振法国大国地位，举行核子试验，使法国成为核子国家，因欧洲共同市场之成功使法国经济繁荣，在外交上，法国也有新的作风，尤其对苏俄的强硬态度，赢得世人一致赞扬。

但是，戴高乐明了，这些成就固然是基于宪法所赋予的权力，而他个人的声望也是很大的影响因素，如果他一旦离开法国政坛，继任者仅凭宪法所赋予的权力，能否足以应付一切困难，殊难遽作定论，尤其当他在一九六二年遇刺脱险后，他更关心这个问题。

为了使未来的法国总统，有更稳固坚强的地位，为了加强法国政治上的领导中心，使法国今后的政局长远稳定，使旧日议会第一的政客们，不致再有左右政局的作用起见，他谋求进一步修改总统选举法，使原来由国会两院议员及各级地方议员、市长等八万人的大选举团选出的总统，改由全民直接普选产生，如此可以提高总统的人望，而且更可缩小议会对总统的牵制。

修宪案依规定应先经国会讨论。本来，戴高乐如以此案向国会提出，必可获得通过，但依《第五共和宪法》第十一条的规定，总统有权提请公民投票，以改变公共机关的组织。戴氏为测验民意，决定把修改选举总统法案，直接由公民投票决定，此项投票于一九六二年十月二十八日举行。

投票之前,戴高乐的这项决定,除了戴氏的新共和联盟外,法国各党派,从极右到极左,几乎一致联合反对,即在内阁中,亦有持反对意见者。反对者认为:法国总统的权力,已经较美国总统为大,而且任期长达七年,再如改为普选,很可能会被野心家利用,变成独裁政治。反对者虽振振有词,但却无法在公民投票上施用压力,于是转而对戴高乐的内阁总理彭比杜,提出不信任案。

在当时的议会中,戴高乐派只占四八二席中的一七八席,在其他各党派联合之下,反对修宪者所提的不信任案,于十月五日以二八〇票的多数通过,彭比杜总理依法只得提请辞职。但戴高乐于次日即下令解散议会,而命彭比杜总理暂时留任到新国会成立,另一方面,已经决定于十月二十八日举行的修宪案公民投票,依然如期举行。于是由这项公民投票又引起了议会的改选。

十月二十八日公民投票结果,戴高乐的修改总统选举法案,获得百分之六十二的多数支持,但比率并不算高。这次公民投票,登记投票人数为二七,五七九,八五九人,所投票总数为二一,三〇六,九一〇票,有效票二〇,七四一,二四七〇,赞成者一三,一五〇,五一六票,反对者七,九三二,三九九票,废票六十六万五千余张。

修宪案经公民投票通过之后,紧接着十一月便举行议会改选,由于公民投票中戴高乐所获胜利甚为微弱,一般人乃预测在议会选举中,戴高乐派可能难于维持在国会中现有的力量。然而,事实却与一般预测相反,戴高乐派在议会选举中,获得空前的压倒性胜利。

法国议员选举,采小选举区制,每区选出一名议员,在第一次投票中得票超过半数者,即获当选。如第一次投票中,竞选者无人超过半数票,则该区应于下一周重选,以第一次投票时得票最多的两位候选人为被选举对象,第二次投票中,得票较多者即可当选。

一九六二年十一月十八日第一次选举结果,戴高乐派的新共和联盟,获得五百八十七万多票,占全部选票的百分之三十一点九,第一次投票以超过半数当选的议员即达四十五席。所得选票之多,使该党首次取代共产党而为得票最多之党派。第二次投票于十一月二十七日举行,结果,共产党虽与社会党合作,戴高乐派依然获得压倒性胜利。

在新国会中,戴高乐派的新共和联盟共得二三三席,较原来席次增加五十五席。此外,尚有其他党派的卅席,也保证支持戴高乐,计独立派中有十八席,民众共和党中有九席,急进社会同盟中有三席。总计戴高乐的支持者,在新国会中共占二六三席,超过了全部席次四八二席的半数,这是法国议会中罕有的现象。社会党在新国会中只有六十五席,居于第二大党,共产党因少受民主党派抵制,并且得到社会党局部合作,得有四十席。

这次法国议会的改选,有几点特别为各方所注意的情形:

第一,在议员竞选中,选民不再支持反对戴高乐的老派政客,像法朗士、雷诺都因在修改总统选举法时反对戴氏而被选民所弃,在这次议员选举中落选。社会党领袖莫莱,在初选中票数也较戴高乐派候选人少,复选时赖共党的支持才幸获当选,这个现象表明法国人民厌弃久已在国会中兴风作浪的老政客,希望法国继续有坚强稳定的政府。

第二,戴高乐的新共和联盟,在这次选举中,席卷了巴黎全市三十一个席次。多少年来,从无一个政党能得到如此的成就,由于巴黎市包括通常投共党选票的工业区选民和贫民区选民,这项成就乃更受重视。

第三,新共和联盟的若干候选人,在社会上的声望及在政治上的地位,多远不如与他们竞选的对手,其所以能够获胜当选,全凭以拥护戴高乐的号召来争取选民,由此可见法国人民对戴氏期望之殷和支持之切。

从一九五八年法国第四共和发生政变以来,戴高乐的重行主政,不但把法国由第四共和带入第五共和,他更为法国建立了稳定而有力的政府,多党兴风作浪借议会牵制政府的现象,已经在戴高乐坚强的手腕下消失。

二、法国政党与国会

　　法国国会制度,不仅建立较晚,抑且极不稳定。十三世纪末叶,国王腓立布四世(Philip Ⅵ, 1285—1314),因与教皇发生冲突,命贵族、僧侣、平民各推代表若干人,召集"等级会议"(Etats Generaux),自一六一四年以后,此一会议停止召集达一百七十五年之久;一七八九年,路易十六因时势逼迫,不得已始重行召开,并演变为国民会议(Assemblee Nationale),乃肇法国国会建立之端,故史学家论及法国国会制度之沿革,多自一七八九年大革命前夕的国民会议说起。

　　自一七八九年国民会议起,至一九五八年《第五共和宪法》公布止,一百七十年间,法国国会制度变更凡二十余次,其改革之频繁,体制之歧异,情形之复杂,世界各国无与伦比。其间政党与国会间关系之演变极为纷乱,政党活动对国会之影响亦颇为深钜。

　　大革命时期,初有政党之始,国民会议中,吉隆德党主张保守,加谷班党主张激进,中间党依违于两者之间,第一共和初期,加谷班党得势当权,由该党领导制宪,此宪法采共和政体,立法权属于国会与国民,国会采一院制,称"立法会议"。在此期间,加谷班党掌握法国政权,对外领导民众与列强作战,对内则厉行恐怖政治,镇压异己,世称"恐怖时代"。

第一共和中期，温和的保守派得势，他们又重新制定宪法，国会改采两院制，上院称元老会议，下院称五百人会议，温和派党人，虽排斥加谷班党人，消除恐怖政治，但施政期间无积极建设表现。

第一共和后期，拿破仑掌握大权，又废除温和派所订宪法，再度改订新宪法，将立法权分属于四个机关：一为"参政院"，二为"议事院"，三为"立法院"，四为"元老院"。此一时期，拿破仑独揽大权，排斥一切政党，政党对国会已失影响力量。

第二共和期间，国会先采一院制，后在路易拿破仑操纵之下，改变宪法改采两院制，国会中有保皇党、共和党、社会党，党中分派，思想纷歧，极为紊乱，以致为路易拿破仑所乘，利用时机遂其称帝野心。

第三共和时期的国会，其中党派愈趋复杂，初有保皇党、共和党、社会党，后有法兰西人民党、民主同盟等右派政团，进步党、拥护共和党、共和民主党及激进民主党等中间派政团，激进社会党、社会党等则为左派政团，"一次大战"之后，更出现共产党。

第四共和时期的国会，依然党派林立，右派有法兰西人民同盟（或称戴高乐派）、自由共和党等，中间派有社会党、激进社会党、人民共和运动等，左派则为共产党，另有极右派之布加德党。

一九五八年第五共和国民会议选举结果，得有议席者，除以往即存在之各党外，尚有新共和联盟、天主教民主党、社会党、激进社会党、共产党、独立派等。

自第三共和以来，法国政党的活动，已经可说正式对政治发生影响作用，而且政党的运用也相当成熟；不过，法国自有政党以来，就是多党制，而且是多数小党制，这种情形到了第三共和以后格外明显。小党林立制之下，在国会中，任何一党不能有绝对多数的议席，只有临时结合，组成脆弱的政团，这是造成法国政局不安的主因。

由于政党纷扰紊乱,法国国会制度,也经常发生变更,时而一院制,时而两院制,时或上院权高,时或下院权高,其中变化,多因政党活动势力之优劣而随之歧异,直至第五共和一九六二年十一月之大选,新国民会议中,戴高乐派的新共和联盟在全部四百八十二议席中,获得二三三席,以绝大多数超越其他党派,造成法国空前的政党获胜纪录。法国多党制之弊病,似已随戴高乐派之得胜渐形消失,惟其未来演变如何,尚须假以时日而观察之。

政党之与国会直接发生关系者,莫过于国会议员之选举,法国国会的选举,因适应时势需要,常有变更,法国人民的选举权,也随时代逐渐进步。政党之欲掌握政权者,必先尽力争取选民之拥护,在国会中获得较多数之议席。

在第五共和之前,法国国会选举是采行"比例选举制",许多势力单薄的小党,可以联合竞选,在这种选举制度下,小党不但得以存在下去,并且有时反而居于举足轻重之地位,因为在国会中,任何一党也没有办法获得绝对多数,在两大政党势力相持僵持不下时,小党的支持,常可使其中一方居于优势。即以目前第五共和的情形而言,虽然戴高乐派在国会中,获得甚大多数的议席,可是它仍未得到超过半数以上的绝对优势,所以,它还是要借重许多拥护戴高乐的右派小党的支持。

法国在第三共和时,先采用小选举区制(绝对多数制),一八八四年改为大选举区制,一八八九年又恢复为小选举区制,一九一九年再改为大选举区制,一九二七年又改为小选举区制。第四共和成立后,放弃小选举区制,采用比例代表选举制,迄第五共和成立,又恢复绝对多数选举制(小选举区制)。

绝对多数选举制之作用,在于减少政党纷纭的弊端。盖此种制度规定,得票过半数者为当选,倘第一次投票时无人得过半数票,则于一星期后举行第二次投票,以得票较多者为当选,此种制度,是选人而非选党,比例代表选举制则是选党而非选人,容易为政党所操纵。

法国过去对国会议员的名额,一度宪法曾有规定,如一七九五年、一七九九年之《宪法》等是。但通常多不为宪法所规定,视选民人数,委诸选举法或其他法律规定之,此种方法较富弹性,易于适应时势需要。

第四共和下议院议员,最多时曾达六百二十七人,第五共和第一次大选时,议员为五百四十六人,每一议员约代表七万余名选民。上议院议员由地方团体选举,亦无一定名额,然其人数一向皆少于下议院。《第四共和宪法》规定,参议院议员之总数,不得少于二五〇人,不得多于三二〇人,一九四八年参议院议员选举法规定为三一五人,《第五共和宪法》仍循此原则,另以组织法规定之。

法国议会的权力,消长无定,时高时低,与英美议会权力之不轻易变更,颇不相同。尤其法国因为是多党林立的形势,政党在国会中的活动,对国会权力更发生甚大的影响。

法国国会所拥有的权力,计有三大项:(1)立法权、(2)议决预算权、(3)监督政府权。自第三共和以来,法国国会的权力,一直凌驾于政府之上,形成专擅之局,因为在第三共和以后、第五共和以前,法国均行内阁制,内阁向国会负责,国会以上述三种权力,严密的控制内阁,特别因为法国没有一党能够在国会中获得绝对多数,连带的使内阁在国会中无法取得有力的庇护,政客们利用政党的离合,在国会中随意兴风作浪,动辄倒阁,演变成政府软弱无能的情形。

像第三共和时,内阁须对国会两院负责,国会任何一院,随时可以通过不信任案,强迫内阁辞职,因而第三共和六十五年间,内阁曾改组一百零三次,平均寿命只有七个半月。第四共和时,为求稳定政局,虽曾有多种改革,但因政党意见纷歧,国会中缺乏有力的大党控制局面,对于内阁与国会间的关系,并无若何改进,第四共和成立十二年间,内阁改组亦达二十六次,平均每次寿命,只有五个半月,较第三共和时期尤为短促。

第五共和有鉴于过去之失,乃采取若干办法以改良此一国会专擅之形势,综其要者有:一、国务总理之任命及内阁之组成,无须征求国会的同意;二、禁止国会议员兼任国务员;三、内阁虽然仍对国会负责,实际只对下议院负责,但下议院不信任案之提出及表决,均依宪法规定,限制甚严;四、内阁对于法律范围内的事项,得请求国会授权,于一定期间内,以命令处理之;五、内阁向国会提出之法案,有优先讨论的机会,讨论的次序,由内阁决定。这些办法,对国会的地位与权力,大为减低,间接地对政党操纵国会,滥用权力的情形,也加以限制,使政党借国会而控制政府的力量大为削弱。

事实上,法国政局之能否稳定,端视政党之活动趋向而定,这次戴高乐以大刀阔斧的手段,修改宪法,改组政府,痛下决心整理法国紊乱的政局之获得成功,主要原因即是他所领导的戴高乐派政党,得到大多数选民的拥护,同时受到其他政党的支持。各政党虽然明知戴氏的做法,必将削弱政党的力量,但是基于全国上下望治殷切的心理,各政党(除了共产党外)都宁愿自己的力量受到限制而拥护戴氏的改革。

在第五共和的宪法之下,法国已由内阁制改变为总统内阁制,多党林立政潮纷涌的现象,也已告暂时消除,而历来权力高涨的国会,力量也受到很大的限制,就法国的政局来说,这是一个可喜的现象,但是对法国不甘寂寞的政客而言,他们能长久安于此一局面则颇成疑问。法国政局的演变,现在要是就遽下定论,未免嫌言之过早,不妨拭目以待。

三、法国政党与政府

1. 政党与国家元首

法国以往的元首,或为君主国的帝王,或为共和国的总统,或为合议制的委员,或为独裁制的执政,而共和国的总统中,又有内阁制的总统与总统制的总统,制度更迭,变乱丛生,国家元首的权力,亦常有不同,直到第三共和成立以后,始稍趋稳定。

第三、第四共和,总统由国会两院议员联合选举,采虚元首制,总统不负实际政治责任,一切权力名义上属于总统,实际上属于内阁,内阁对国会负责。

在此种制度下之元首,不是政党所争取的对象,元首的地位,反而超然于党派之外,不过,他对政党的纷争,也无法加以干涉和调节。而内阁总理才是政党角逐的目标,因为内阁须向国会负责,内阁进退成败的大权完全操之于国会,所以,内阁总理必须是国会中多数党的领袖。法国第三、第四共和时期,内阁之所以极易更迭,就是因为法国没有一个政党能够在国会中占有绝对多数,因此,任何一个政党出来组阁,必定要联合许多其他党派,靠多党结合的力量才能达到多数的地位。

一旦这些临时联合的政党之间,发生歧见或纷争时,他们的结合立刻就可以分裂解散,失去多数地位的内阁,随之也失去支持的力量,其结果只有解体而已。

第五共和成立后,戴高乐不畏独裁之讥,毅然修改宪法,改订总统选举法,把虚元首制的法国总统,变成掌握国家行政大权的真实元首。在新宪法之下,总统由国会两院议员、各省省议会议员、海外属地议会议员以及各区议会代表所组成之庞大选举团选举产生。

一九五八年《第五共和宪法》规定之总统选举团,人数多达八万人,其中国会两院议员仅占一千人左右,其对总统选举的影响力,至为薄弱,总统不再受其操纵或牵制,总统的权力亦大为扩张,综其要者有:(1) 总统有自由任命国务总理之权,不须征求国会之同意;(2) 总统得向国会两院提出咨文,法律在公布期间内,得要求国会复议,及提请宪法委员会审查法律有无违宪;(3) 总统在法定情形下,经咨询国务总理、国会两院议长及宪法委员会后,得采取紧急措施,又经咨询国务总理及国会两院议长后,得宣布解散国民会议,此之所谓咨询,并非同意,最后决定权仍属于总统;(4) 总统有召集国会临时会并令其闭会、向国会提出咨文而不得讨论及国会所通过之法案或条约得提交人民复决之权。

目前的法国政治制度,是一种混合制,元首的地位和权力,已经与第三、第四共和时代大不相同,元首不仅不是不负实际政治责任的虚元首,而且还拥有极大的权力。在这种情形之下的法国元首,自然不再是超然于政党之外的人物,他必须是多数党的领袖,或是居于多数地位的政团的领导者,唯其如此,他才能任命为国会所支持的内阁,也才能使他的政策得以顺利贯彻的推行。

2. 政党与内阁总理

第三共和的内阁,是二元负责的内阁制,内阁要对国会两院负责,国会任何一院随时可以通过不信任案,强迫内阁辞职,第四共和为纠正此种弊端,乃规定内阁只对下院负责,以图稳定政局。不论内阁对两院抑对下院负责,内阁的命运可说全是操在国会手中,因之,内阁总理的人选,必定是国会中多数党的领袖。但是,法国虽是政党组织发达的国家,而且也与英国类似,行的是政党内阁制。然而,法国却不像英国是单纯的两党制,法国是小党林立的国家,任何一个政党在议会内都不能得到过半数的议席,一党内阁,无从组织成立,它必须组织联合内阁。这种联合内阁的总理,在推行政策时,常会发生许多困难,因为,用政见不同,政治背景不同,以及隶属政党不同的人组成的内阁,不但一切决策要参考各党的政见和利益,而且在执行政策时,必须采取妥协的办法,否则,不仅政策没法通过,内阁本身还有瓦解的危险。

由于法国的内阁,常是各党联合组成的联合内阁,所以,内阁总理只能支配其同党的阁员,不能支配其他党派的阁员,当内阁有重大问题提交内阁会议讨论时,倘若内阁阁员间意见参差,则不待议会表示不信任,内阁本身即须改组。

但是,在这种情形之下,法国的一般善于玩弄政治的政客们,反而得到机会操纵政潮遂其私欲。因为,内阁更替之际,阁员在表面上虽与内阁总理连带负责,实际,前任总理也可以立即加入新阁为阁员,甚至于再任总理,只不过新旧两次内阁组成的分子有所变动,联合组阁的政党有所更改而已;例如前一次内阁是联合甲、乙、丙三党组成,这一次则联合乙、丙、丁三党而成。法国既有许多政党,尽可随时变更其联合形势。不过,内阁虽能联合许多政党,但是未参加组阁的政党也不在少数,他们在议会中,就自然成为监视内阁的反对党,这和英国两党对立,内阁与议会呵成一气完全由一个政党控制的情形大不相同。

法国第四共和的《宪法》,颇有助于内阁总理权力地位之提高,但是法国的政局并未因此而有所改善,因为法国在第四共和时期,内阁仍是由许多政见纷歧的政党联合组成。虽然宪法想赋予较大的权限给内阁总理,可是事实上,内阁总理仍无法约束其阁员,除非法国有一天能够出现一个拥有绝对多数的强大政党,而由这个政党的领袖出而组阁。

内阁总理的不易为与内阁的不稳,是第三、第四共和以来,法国政治上最大的问题之一。第五共和成立之后,法国的新宪法希望把这个令人烦恼的问题得到彻底的解决,因此,法国新宪法规定,总理由总统任命,其他阁员,经总理推荐后由总统任命之,总理的任命,既无须他人副署,亦不必提国会作信任投票,可以说,总统有绝对的任命权力。同时,宪法又规定,阁员不得兼任议员,由此,总理不是国会议员,也不必顾虑他在国会中所拥有的实力。

不过,在现行的制度下,总理虽然不得兼任国会议员,但是因为他要向议会负责,他必须在国会中有领导作用。能够在国会中发生领导作用的人,必然是政党的领袖,既为党的领袖,他如何能够服从总统的指挥,甘心做一个地位次要的助手,也是一大问题。

因此,现在法国的内阁总理,他可能是与总统同隶一党的次要领袖,也可能是不与总统同党的他党领袖,在这种情形下,总统与内阁总理之间,怎样谋求协调与合作,将是法国当政者亟需研讨的问题。

3. 政党与内阁阁员

法国第三、第四共和时期的内阁,都是各党联合组成的,参与组阁的各党,均有党人担任阁员。虽然在形式上,阁员是由内阁总理提请总统任命,但是内阁阁员对提名他的总理,并不一定采取相同的立场,第三共和时期,甚至于往往因为政党间的意见不同,阁员且可以其政策要求议会作信任投票,因而使内阁垮台。第四共和时期,内阁总理虽有较大的权力去物色阁员人选,但在事实上,总理人选之获得议会通过,以及他的决定阁员名单,是早已经过党派间的协调和默契,各政党之支持总理,也多系基于利害之结合,各党参与内阁的党人,在内阁中所注意者,不过是其本党或个人的名利,对于整个内阁的成败,他们甚少关心,对于政策云云,更认为是与个人无关重要之事。因为,他们有恃无恐,不管是谁组阁,他们都有把握仍然取得内阁中一席之地,内阁总理的进退,并不会影响到他们的地位。

第五共和成立后,宪法规定,阁员不得兼任议员,而内阁采集议制,内阁集议时由总统主持,而不是由内阁总理主持,总理是由总统任命的,阁员则由总理推荐后由总统任命。在此情形之下,总统权力大增,内阁作用愈形减弱,与第三、第四共和时期之内阁,则不可同日而语。而内阁总理虽比其他阁员有较优越的地位,但是因为法国多党林立的情势依然,内阁总理组阁时对议会牵制之顾虑虽已减轻,但是他还不得不考虑到其他党派的压力,因此,在他延揽阁员人选时,仍得注意政党间的协调。

由于议员与阁员不得兼任,加以选举办法改为"绝对多数制",第五共和的内阁,已经消除了政客们据位分赃的情形,纵然某一政党在议会中控有相当多数的议席,但其党员却不定能够参加内阁。在现行制度下,想要参加内阁的各党党人,虽然隶属不同,主义相异,但是为了他们本身的进退,他们势必要采取与内阁总理相同的步骤,否则,他们无法获得内阁总理的提名,也就不能成为内阁阁员。以往内阁本身纷争迭起的现象,至此已渐减退。同时,政党瓜分内阁阁员名位的情形,也随之消除。

四、结论

法国是单一国家,但是却实行多党政治,而且法国政党之多,举世罕有其匹,自从第三共和以来,法国政局的不稳和内阁的迭更,更是人所共知,论者咸谓其原因即在政党林立,派系纷歧。

一般对法国政情没有深刻了解的人,常会怀疑,法国政治既然如此紊乱,法国人为什么不想办法把政党的数目加以限制,或者由若干党派联合起来,成立一个拥有较多数的大党以稳定政局?

　　事实上,吾人若对法国政治细加观察,则可发现,法国的政治并不如一般人所说的不稳和多变,而是相当的固定和保守。诚然,法国的政党林立,意见纷歧,可是,法国的政治并不是杂乱而没有迹象可寻,相反的,法国政治上一切问题,几乎都有明显的路线可循,虽然其变化或进步是极为缓慢的。

　　例如,在以往的若干年来,尽管法国的内阁更换过许多次,但是法国的国策并无变更,像对外的外交政策,对内的经济政策,原则上迄今仍循其基本方向进行,不论是哪个政党执政,他们都遵循其一定的国策而行,并不因为执政党改换而使政策也有所改变。

　　除了基本政策不变之外,法国政府的行政人员,也决不因执政的党派有所变动而随之更异。在其文官制度下,不仅事务官绝不受政党影响,即连许多不太重要的政务官员也少有变更,即使一般随时有更动可能的政务官员,他们在执政时也没有存着五日京兆之心,他们仍然积极的谋求政务之推行。

　　特别在国家遭逢严重危难的时候,法国的政党更能摒除私见,消除政争,为国家的共同利益而团结一致。像第一次世界大战和第二次世界大战时,法国的政党皆曾捐除一己的利益和主张,而共为国家的生存与前途而牺牲奋斗。第四共和末期,各党派也曾因谋求国家的完整与统一而一致接纳戴高乐的领导,造成今日法国的第五共和。

　　再就法国政党间的形势而言,不管法国有多少政党,但是从最早的时期开始,到目前为止,它们大别可以分为三类:一种是右派,一种是左派,另一种则是中间派。虽则其间分合情形时常变化,但是法国政党间的基本形势却离不开这三个范畴。

由最早的大革命时代起,所有的党派即已可以明显地分别出左、右、中三种趋向。到了第三共和以后,政党尽管愈多,其形势却更加分明。在第四共和时期,戴高乐派代表极右派,共产党代表极左派,社会党、人民共和党和左翼共和同盟则代表中间派,三足鼎立的形势格外显明。

现在第五共和极右的戴高乐派,虽然一时获得许多中间党派的支持而使右派势力占了优势,但是,代表极左派的共产党和许多代表中间派的政党,势力并未消灭,立场也未改变。因此,未来法国的政党形势,必然仍是三种势力并存的局面。

如前所述,法国的政治既然是相当固定的和保守的,何以法国政局多年来却如此复杂与多变?这个问题的答案可以用法国现任总统戴高乐的一句话来解释,戴氏曾说:"法国政党所依恃者是徒众,而他们需要但是所没有的是主义。"

法国是一个高度个人主义至上的国家,同时也是一个民主自由而且放任的国家。由于民族性和人民对政治的浓厚兴趣,人民可以因为对一种理想的憧憬或一时的兴趣而组成政党。但在政党之中,各个分子并没有强烈的团体观念,政党愈小对个人的束缚愈少,因此,他们宁可使政党的势力分散,而不愿政党势力扩大集中、增加对他们的拘束。由于这一种不现实的政治生活,使政党无法有具体的表现,因此,法国的政党普遍缺乏一个严正明确的主义。

既然政党没有主义,那么,政党之间,当然无法因主义接近或目标相同而契合。政党之间倘若有所合作,只是基于一时的权益利害关系。所以,往往右派的政党有时会赞成中间派的政府,而中间派的政党有时也会投票支持左派的主张。

再者,因为法国各政党没有一党能够在议会中得到过半数的多数,任何一党想要组织政府，必须与其他党派联合。因而使小党不但能够生存，而且有时还居于举足轻重的地位，加以法国以往所行的"比例选举制"，更保障了小党的存在，小党既然生存无虑，当然不肯牺牲小我去附从其他党派。于是，多党林立下的政局，自然呈现出不稳和无能的现象。

戴高乐对法国政党的纷乱情形，是深恶痛绝的，不过，虽然他轻视政党，而且在他秉政后已经设法削弱了政党的力量，但是他却承认，政党在民主政治中有其存在的价值。

戴高乐并不妄想法国会出现两党制的政治，他了解法国人心里真正需要的，仍是一种多方面的政治倾向的表露，他主张政党要有具体的主义，因为民主必须能适应理论与政策的需要。

法国的多党政治，虽然有许多弊病，但就民主政治而言，政党林立，毕竟还是一种民主与自由的象征，至少人民的意向有机会得以表现，而且，各种政党在议会中活动争论，总比散在社会上制造纷乱，甚至酿成流血革命要好得多。

《各国政党政治》（正中书局1981年版）"法国的政党制度"篇

左仍彦先生著述

著作：

《行政学》(独著)，三民书局1956年初版，内容和《行政法概要》重复，未选入本书。

《行政学概要》(独著)，三民书局1963年初版，本书选文基于1984年第9版。

《行政法概要》(独著)，三民书局1961年初版，本书选文基于1982年第10版。

《比较宪法》(编著)，正中书局1964年版。

《各国国会制度》(负责撰写"法国国会制度"部分)，正中书局1981年版。

《各国政党政治》(负责撰写"法国政党制度"部分)，正中书局1981年版。

文章：

"改善公务员俸给制度刍议"，《服务月刊》1940年第3—4期。

"法国的国会制度"，《法商学报》1963年第3期。

"行政组织的体制及其运用问题"，《中国行政》1964年第3期。

"行政组织的意义事与原则"，《中国行政》1964第2期。

"行政救济的意义与体制",《军法专刊》1965 第 3 期。

"行政机关与非行放机关的关系",《中国行政》1965 第 4 期。

"行政组织的根据问题",《中国行政》1965 年第 5 期。

"行政争诉的法律根据与实际运用",《军法专刊》1965 年第 9 期。

"论诉愿",《军法专刊》1965 年第 11 期。

"论行政诉讼",《军法专刊》1965 第 12 期。

编后记

左仍彦(1902—1985)，字潞生，江苏阜宁县人。左先生21岁考入北京大学攻读法律，后又留学法国八年，取得南锡大学法学博士学位。先生于1936年回国，先后任教于东北大学、四川大学、暨南大学等校，且多兼任行政职务。1947年任教于同济大学法学院。1949年后，左先生先后任大甲中学、成功中学校长，兼任台湾地方行政专科学校校长。1965—1967年，兼任中兴大学法商学院院长。1971年退休。晚年定居美国。

观左先生生平，可知其有行政干才，法学家兼而为教育家。本书呈现的仅仅是作为法学家的左先生。

左先生的著述，总体面貌较为清晰，以编写的几本教材为主。另有一些文章，基本观点不出著作范围。大体言之，左先生的学问以宪法、行政法为核心，兼及政治制度、行政学，尤其熟悉法国的相关法律制度。本书篇目的选择，意在全面反映左先生的治学成就，因此集中选取了前述著作中的概论性章节。

以今天的眼光来看，左先生的著作依旧有一定学术价值。但本文集的编修，意在"保存史料"，关心"历史"胜过关心"思想"。因此，编者秉持"修旧如旧"的原则，只修改原版的编校错误，以尽可能保留其作为历史文献的价值。

需特别说明的是，许多西文词汇，左先生的译法和今日中国大陆的译法差异较大。如"雅各宾派"在左先生笔下为"加谷班党人"，"波旁王朝"为"包本王朝"。不过左先生在使用这类词汇时都会注明外文原词，因此并不影响读者阅读理解。

本文集的策划、出版离不开同济大学法学院吴为民书记、蒋惠岭院长、徐钢副院长等学院领导的组织协调，绝大部分原始资料的收集则由陈颐教授完成。我名为编者，实际只承担了篇目选择、内容审校等较为轻松的工作。在本书出版的各个环节，商务印书馆南京分馆编辑的高效工作令人印象深刻，在此也表达由衷的感谢。

是为编后记。

钱一栋
2023 年 2 月 19 日于上海

图书在版编目（CIP）数据

左仍彦集 / 左仍彦著；钱一栋编 . — 北京：商务印书馆，2023
（同济法学先哲文存）
ISBN 978-7-100-22262-4

Ⅰ.①左… Ⅱ.①左…②钱… Ⅲ.①法学—文集②政治学—文集 Ⅳ.① D90-53 ② D0-53

中国国家版本馆 CIP 数据核字（2023）第 069910 号

权利保留，侵权必究。

同济法学先哲文存
左仍彦集
左仍彦 著
钱一栋 编

商 务 印 书 馆 出 版
（北京王府井大街36号 邮政编码100710）
商 务 印 书 馆 发 行
北京虎彩文化传播有限公司印刷
ISBN 978-7-100-22262-4

2023年6月第1版	开本 880×1240 1/32
2023年6月第1次印刷	印张 7⅞

定价：48.00 元